B1

MÉTHODE DE FRANÇAIS
CAHIER D'EXERCICES

Auteurs :
Pascal Biras
Anna Chevrier
Charlotte Jade
Stéphanie Witta

Araceli Rodríguez Tomp (phonétique)
Alexandra Horquin (DELF)

EDITIONS

maison des
langues

www.emdl.fr/fle

DÉFI 3 - CAHIER D'EXERCICES - Niveau B1

AUTEURS

Pascal Biras *(unités 3, 4 et 7)*
Anna Chevrier *(unités 1, 5 et 9)*
Charlotte Jade *(unités 6 et 8)*
Stéphanie Witta *(unité 2)*

Araceli Rodríguez Tomp *(phonétique)*
Alexandra Horquin *(DELF)*

ÉDITION ET RÉVISION PÉDAGOGIQUE

Laetitia Riou

CORRECTION

Martine Chen

CONCEPTION GRAPHIQUE ET COUVERTURE

Miguel Gonçalves, Pablo Garrido *(couverture)*

MISE EN PAGE

Paula Castel Puig

ILLUSTRATIONS

Daniel Jiménez

© Difusión, Centre de Recherche et de Publications de Langues, S.L., 2019
ISBN édition internationale: 978-84-17249-67-0
Réimpression : mars 2020
Imprimé dans l'UE

www.emdl.fr/fle

MIXTE
Papier issu de
sources responsables
FSC® C125125

DANGER
LE PHOTOCOPILLAGE
TUE LE LIVRE

SOMMAIRE

UNITÉ 1.	Des racines et des ailes	P. 5-12
UNITÉ 2.	Allez, raconte !	P. 13-20
UNITÉ 3.	Langues vivantes	P. 21-28
UNITÉ 4.	Bêtes de scène	P. 29-36
UNITÉ 5.	Le monde 2.0	P. 37-44
UNITÉ 6.	À consommer avec modération	P. 45-52
UNITÉ 7.	Planète pas nette	P. 53-60
UNITÉ 8.	On lâche rien !	P. 61-68
UNITÉ 9.	Êtres différents	P. 69-76
DELF		P. 77-85
TRANSCRIPTIONS		P. 86-103

Des racines et des ailes

Les cinq sens et les souvenirs

1. Écrivez les sens cités dans l'article *La fabrique des souvenirs* qui correspondent aux icônes ci-dessous.

....

....

2. Complétez les expressions suivantes avec le verbe correct.

- s.................... un parfum
- t.................... la peau
- é.................... une chanson
- g.................... un aliment
- c.................... un chat
- r.................... un paysage

3. Lisez les posts de ces internautes qui partagent des souvenirs sur un forum et complétez-les avec l'adjectif adéquat. Puis, écrivez le sens qu'évoque chaque internaute.

beau	forte	amère	odorantes	douce

MES SOUVENIRS

Un objet de mon enfance ?
Je me souviens de ma première peluche (un ours), je l'adorais car elle était très ....
Sens sollicité : ....

Un souvenir de vacances ? Le coucher de soleil, sur l'île de Santorin, c'était si ....
Sens sollicité : ....

Un bon moment ? Une bière très .... que nous avons bue entre amis en haut du musée Guiness, à Dublin.
Sens sollicité : ....

Un souvenir désagréable ? Le concert de K'Jon ! La batterie était trop ...., on n'entendait pas bien le chanteur !
Sens sollicité : ....

Un endroit ? Le jardin de ma grand-mère, il y avait des variétés de fleurs très ....
Sens sollicité : ....

4. Lisez cet article sur le bien-être, puis complétez-le avec les mots en étiquettes.

construction	identité	enfance	garder

transmettre	évoquer	se souvenir

Psycho Info ///

Puiser dans les souvenirs heureux pour vivre mieux ?

Les souvenirs sont déterminants dans la .... de notre .... Ils nous permettent de .... le lien avec notre passé, de dessiner notre avenir et de .... notre histoire à nos proches.

Certains psychologues pensent qu'il est bénéfique de .... des moments agréables du passé, car cela nous donne une énergie positive. D'après eux, ... de bons souvenirs n'enferme pas dans le passé ; au contraire, cela permet d'avancer avec confiance dans la vie en revivant une situation heureuse ou motivante. C'est une technique de protection et de bien-être.

Mais attention à la nostalgie, car les souvenirs d'.................... s'invitent dans notre mémoire et peuvent nous déconnecter du présent.

5. Lisez l'interview de Riad Sattouf, auteur de bande dessinée, publiée le 23 novembre 2018 dans le journal suisse *Le Temps*. Puis, répondez aux questions.

1. Quels sens Riad Sattouf évoque-t-il quand il se souvient de la Syrie ?

....

2. Que représentent les couleurs dans la bande dessinée de Riad Sattouf ? Quels sentiments sont liés au changement de ces couleurs ?

....

3. Pourquoi le petit Riad se sent-il déraciné ?

....

4. « Avant d'être syrien ou français, je suis dessinateur. » Que veut dire Riad Sattouf ?

....

5. Dans l'introduction, pourquoi le journaliste parle-t-il d'une double épreuve pour le petit Riad Sattouf ?

....

INTERVIEW//RIAD SATTOUF

Être blond au Moyen-Orient, s'appeler Riad en France. C'est la double épreuve qu'a dû affronter Riad Sattouf, né d'une mère bretonne et d'un père syrien. Il en a fait une épopée : *L'Arabe du futur*. Édités entre 2014 et 2016, les trois premiers tomes se sont écoulés à plus de 1,5 million d'exemplaires, traduits en une vingtaine de langues. Le quatrième, tout juste publié (2018), le met en scène adolescent, entre retour en France et séjours au bled. [...]

La somme de détails est impressionnante dans *L'Arabe du futur*. Vous vous souvenez de tout, vous questionnez vos proches ou vous inventez ?

J'ai gardé des souvenirs assez précis de nombreuses situations. Et si je me concentre, par exemple, sur la blouse d'école que nous portions en Syrie, je vois d'abord les boutons, la toile, la collerette en plastique rouge, puis d'autres détails me reviennent : le carrelage au sol, le chemin qui mène à l'école, etc. Tout est lié, il suffit de se concentrer. [...] Ce que je raconte, c'est ce que j'ai en tête. Après, il se peut que la tête modifie parfois certaines choses. [...]

Dans ce quatrième tome, le rouge et le bleu dominent. Pour quelle raison ?

En me remémorant mon passé, je me suis rendu compte que dans mes souvenirs, chaque pays avait une couleur dominante. En Libye, le jaune du soleil et du sable. En Syrie, le rose de la terre du village. En Bretagne, le bleu-gris des nuages et de la mer. Comme il y a beaucoup d'allers-retours dans les livres, cela permet de distinguer. Le lecteur s'habitue au jaune et d'un coup il passe au bleu, cela suscite un petit choc. Manière d'évoquer le dépaysement et le déracinement. [...]

Que vous reste-t-il de ces deux cultures ?

Avant d'être syrien ou français, je suis dessinateur. Mais j'ai sans doute gardé de la Syrie son sens de l'humour un peu désespéré [...]. Et j'adore la France pour la liberté qu'elle m'offre ; c'est le seul pays où je peux commencer un livre et le mener exactement comme je l'entends. [...]

Avez-vous gardé des liens avec la Syrie ?

Cela figurera dans la suite du livre. Je connais extrêmement bien mon village, mais pas le reste du pays. Je suis l'actualité comme tout le monde, cela ne va pas au-delà. [...]

6. Écoutez l'interview d'Omar Sy à l'occasion de la sortir du film *Yao*. Puis, répondez aux questions.

1. Quel est le pays d'origine d'Omar Sy ?

2. Combien de temps Omar Sy est resté dans son pays d'origine pour tourner le film ?

7. Réécoutez l'interview, puis cochez ce que dit Omar Sy.

☐ Retourner dans son pays d'origine, c'est difficile si les parents n'ont pas donné de repères.

☐ J'étais stressé de faire ce film.

☐ On n'est pas vu complètement français en France et on n'est pas complètement reconnu dans son pays d'origine.

☐ Mon pays, c'est seulement la France.

☐ À Dakar, je suis comme à la maison.

L'imparfait et le passé composé

8. Observez les photos, puis écrivez une phrase qui décrit une situation interrompue par un événement à l'aide des mots en étiquettes.

quand   lorsque   soudain   alors

— *Il dormait dans son jardin quand l'orage a éclaté.*

9. Lisez ces extraits d'un article sur le parcours migratoire de quatre personnes. Conjuguez les verbes entre parenthèses au passé composé ou à l'imparfait.

Souleymane et Diaraye, au Maroc

En 2017, Souleymane, originaire de la Guinée, ... (quitter) son pays avec sa femme, Diaraye, et ses enfants. Ils .... (s'installer) au Maroc et Souleymane a vite trouvé du travail. Tout .... (se passer) bien pour lui et sa famille, lorsqu'il .... (tomber) malade. Il ne .... (pouvoir) plus travailler et il .... (rester) plusieurs mois à l'hôpital. Diaraye .... (être) triste et désespérée. Elle .... (chercher) une solution quand elle .... (rencontrer) Leila, une bénévole qui .... (faire partie) d'une association. Leila lui .... (proposer) de l'aide et Diaraye .... (trouver) un travail. Finalement, son mari et elle .... (décider) de rester au Maroc.

Cristina, au Guatemala

Cristina est argentine. À Buenos Aires, elle .... (être) professeure d'anglais. Elle .... (se poser) des questions sur son avenir professionnel quand la directrice lui .... (offrir) un poste au...

Guatemala. Elle _____ (être) très enthousiaste, pour elle, c'était une nouvelle aventure! Après réflexion, elle _____ (accepter) le poste. Elle _____ (partir) au Guatemala en 2012. Elle s'est sentie tout de suite chez elle dans ce pays. Là-bas, elle _____ (enseigner) l'anglais dans une petite école. Un jour, elle _____ (rencontrer) José. Ils _____ (tomber) amoureux. Cristina _____ (choisir) de rester au Guatemala, par amour. Elle est épanouie. Elle ne rentrera pas en Argentine, sa terre natale, c'est du passé.

Abdullai, en Allemagne

Adbullai est afghan. Il _____ (vivre) dans un petit village à côté de Kaboul lorsque les talibans _____ (arriver). Après quelques semaines, sa famille lui _____ (dire) de partir pour rejoindre l'Allemagne. Abdullai _____ (prendre) quelques affaires et _____ (commencer) son voyage vers l'Europe. En Turquie, il _____ (monter) dans un petit bateau pour aller en Grèce. Il _____ (traverser) la mer Méditerranée quand, soudain, une grosse vague _____ (renverser) le bateau et Adbullai _____ (tomber) à l'eau. Il _____ (nager) depuis une heure lorsqu'un bateau _____ (arriver). Christos, un sauveteur grec, l'a aidé à monter à bord. Abdullai _____ (avoir) froid, alors Christos lui _____ (donner) un thé et une couverture. Abdullai n'oubliera jamais le visage de Christos, il _____ (être) aussi terrifié que lui. Aujourd'hui, Abdullai va bien, il habite en Allemagne et il travaille. Mais il espère rentrer un jour en Afghanistan.

Les sentiments

10. Listez les sentiments que Diaraye, Cristina et Abdullai ont ressenti. Relevez les adjectifs qui justifient votre réponse.

- Diaraye: _____
- Cristina: _____
- Abdullai: _____

11. Lisez ces vers de célèbres poèmes français et associez-les aux émotions en étiquettes. Entourez les mots qui vous ont aidé/e à trouver les réponses.

| la joie | la peur | la tristesse | le mal du pays |

> Et il est parti
> Sous la pluie
> Sans une parole
> Sans me regarder
> Et moi j'ai pris
> Ma tête dans ma main
> Et j'ai pleuré.
>
> Jacques Prévert,
> «Déjeuner du matin»,
> *Paroles*, 1946

> Rappelle-toi Barbara
> Il pleuvait sans cesse
> sur Brest ce jour-là
> Et tu marchais souriante
> Épanouie, ravie,
> ruisselante
> Sous la pluie [...]
>
> Jacques Prévert,
> «Rappelle-toi Barbara»,
> *Paroles*, 1946

> Quand reverrai-je, hélas, de mon petit village
> Fumer la cheminée, et en quelle saison
> Reverrai-je le clos de ma pauvre maison,
> Qui m'est une province, et beaucoup davantage?
>
> Joachim du Bellay,
> «Heureux qui, comme Ulysse, a fait un beau voyage»,
> *Les regrets*, 1522 -1560

> Je compris [...]
> Qu'il allait se passer une chose terrible...
> Alors il me sembla sentir derrière moi
> Quelqu'un qui se tenait debout, dont la figure
> Riait d'un rire atroce, immobile et nerveux [...]
>
> Guy de Maupassant,
> «Terreur»,
> *Des vers*, 1876

L'accord du participe passé avec *avoir*

12. Le journal *Le Monde* a demandé à Jérôme Ferrari, célèbre écrivain français, de choisir une photographie de son passé pour évoquer un souvenir. Lisez l'extrait de l'article et accordez les participes passés quand c'est nécessaire.

« Cette photo, pendant vingt-cinq ans, je ne l'ai pas vu___. Je la possédais adolescent puis, vers mes 18 ans, elle a disparu___ Elle m'avait tant frappé___ que longtemps je l'ai cherché___. [...] Il y a six ou sept ans, mon oncle Antoine a remis la main dessus, il a conservé___ l'original et j'en ai fait une copie. Je garde la version imprimée chez moi, dans une boîte du salon, et je l'ai scanné___ pour prévenir toute perte éventuelle. C'est la plus ancienne photo de famille que je possède. »

Source: *M* le magazine du *Monde*, le 22/09/2018

13. Observez ces images, puis imaginez et écrivez quelques mots sur leur origine, leur histoire et les souvenirs qu'elles évoquent. Ensuite, choisissez un objet et rédigez son histoire complète.

cette photo

cette bague

cette poupée

ces chaussures

cette guitare

cette affiche de film

La généalogie

14. Lisez cet article de presse sur les tests ADN. Puis, complétez avec les mots en étiquettes.

données	commun	généalogique
résultats	ancêtres	origines
analyser	provenir	générations

Les tests ADN pour identifier ses ancêtres

C'est la nouvelle tendance aux États-Unis : on analyse l'ADN pour faire son arbre _____, pour retrouver ses _____ et identifier de nouveaux _____ sur plusieurs _____. Pour quelques dizaines de dollars, on achète un kit sur Internet ou en pharmacie. Puis, on dépose de la salive dans un tube qu'on envoie à un laboratoire. Ce laboratoire va _____ la salive et rédiger un rapport avec des _____ en pourcentage. La personne qui a fait le test découvrira ainsi de quels continents peuvent _____ ses ancêtres. Elle pourra aussi se mettre en relation avec les personnes qui partagent plus ou moins le même ADN, et ainsi retrouver un ancêtre _____, proche ou lointain. Mais que font les laboratoires des _____ ADN, une fois le test réalisé ? De plus en plus de personnes souhaitent des réponses claires et veulent protéger ces informations confidentielles. Les laboratoires devront s'adapter à ces demandes et préocupations légitimes.

Parler de ses projets

15. Écoutez cette chronique radio sur le «papy-boom». Puis, répondez aux questions.

🎧 2

1. Qu'est-ce que le papy-boom africain ?

2. Quelles sont les quatre raisons qui expliquent ce papy-boom africain ?

3. Quel est le premier pays d'accueil au Maghreb ? Cochez la bonne réponse.
☐ la Tunisie
☐ l'Algérie
☐ le Maroc

4. Qui sont les retraités qui y vont ?

5. Quels autres pays sont cités à la fin de la chronique ?

16. Lisez les commentaires des internautes au sujet de l'article sur les «repats». Entourez la préposition qui convient.

VOS RÉACTIONS 18 commentaires

Aba dit :
Je n'ai pas trouvé le job de mes rêves en France. Alors, j'**ai l'intention de** / à retourner au Sénégal. Comme Moktar, j'aimerais profiter de l'aide financière, j'**envisage de** / à monter une agence de voyage à Dakar.

Lucy dit :
Je ne suis jamais allée dans mon pays d'origine, je **rêve de** / à visiter le village où sont nés mes parents. Je vais devenir maman et je **suis prête à** / de faire ce voyage, pour découvrir mes racines et, plus tard, je pourrai transmettre mon histoire à mon enfant.

Fatou dit :
J'**ai décidé de** / à rentrer au Sénégal il y a quelques années, et ce n'est pas si facile ! J'ai dû m'adapter au rythme, à la manière de vivre des Sénégalais. Il faut bien se préparer avant le départ. Aujourd'hui, je **ne pense pas à** / de revenir en France, je ne regrette pas finalement.

17. Écoutez cette chronique sur les voyages dans l'espace, puis répondez aux questions.

🎧 3

• Quels sont les trois types de voyages dont parle la chroniqueuse ?

• Lequel sera possible en 2020 ?

• Lequel fait encore l'objet de recherches scientifiques ?

• Lequel demande un entraînement physique ?

• Lequel coûte le plus cher ?

L'insatisfaction

18. Lisez ces réactions postées sur un blog, puis entourez la formulation qui convient le mieux.

1. **J'en ai marre** / **Ça ne me va pas** des remarques sur ma double culture.

2. Je suis diplômé, mais je gagne seulement 1 000 euros par mois, **je n'en peux plus** / **ce n'est pas suffisant**.

3. L'important pour moi, c'est l'avenir. Le passé ne m'intéresse pas, alors les recherches généalogiques, **ce n'est pas mon truc** / **j'en ai assez**.

4. Tout le monde parle de la recherche du bonheur, **ce n'est pas suffisant** / **je n'en peux plus** !

5. Être vue seulement comme une personne noire, **ce n'est pas suffisant** / **ça ne me plaît pas** ! Je suis européenne, française, de Toulouse, et noire !

19. Imaginez que vous êtes professeur/e et que vous êtes très fatigué/e. En vous aidant des expressions en étiquettes et des phrases suivantes, rédigez un post sur un forum de profs.

ça ne me va pas	ce n'est pas suffisant

j'en ai assez	je n'en peux plus	ça ne me plaît pas

- Se lever tous les jours à 6 heures du matin.
- Passer une heure dans les transports en commun pour aller à l'école.
- Corriger beaucoup d'évaluations.
- Participer à des réunions tous les jours après la classe.
- Passer seulement une soirée avec mon amoureux(se).
- Ne pas avoir le temps de faire du sport.

Les pronoms possessifs

20. Lisez le dialogue imaginaire entre Jeanne et son coéquipier lors de leur départ pour la planète Mars. Complétez-le avec des pronoms possessifs.

Jeanne: Mon équipement est prêt. Et ...., c'est bon ? Tu as vérifié ta liste ?

Coéquipier: Oui, c'est tout bon !

Jeanne: T'as vu ta famille ? Moi, je suis déçue, je n'ai pas pu dire au revoir à ....

Coéquipier: Oui, j'ai passé la soirée avec mes parents parce qu'on ne va pas se voir pendant longtemps. T'es fâchée avec ....?

Jeanne: Pff, ils n'acceptent pas ma décision, Mars, c'était mon rêve mais pas ....! Ils trouvent ça trop dangereux. Ah, voici les autres coéquipiers. Bonjour à tous ! Bon alors, il y a deux navettes. La ...., c'est la plus grande car nous partons en premier. La ...., c'est la plus petite, vous nous rejoindrez plus tard, quand nous serons installés.

21. Lisez ce tchat entre deux amis d'origine algérienne qui parlent de leur famille. Complétez-le avec des pronoms possessifs.

Inès	👥 ×

Mon grand-père a fait la guerre d'Algérie et ....?

Oui, il a fait la guerre aussi, mais il ne m'a jamais raconté.

Ah .... non plus, il ne veut pas en parler, ça le fait souffrir. Après la guerre, mon grand-père s'est installé en France avec ma grand-mère. Ton grand-père est venu avec .... aussi ?

Oui, mes grands-parents sont arrivés quand ma grand-mère était enceinte. Ma mère est née en France.

Ah, ... aussi ! Par contre, mon grand-père a laissé ses frères en Algérie.

Mon grand-père aussi a laissé ...., mais on va souvent les voir.

L'opposition

22. Lisez ces commentaires sur le forum de la radio FranceDéfi suite à la chronique de Louise Pluton sur les voyages dans l'espace. Complétez-les avec les mots en étiquettes.

contrairement à	tandis que	mais

en revanche	par contre	au contraire

Commentaires

Posté par **Jérôme**, *le 05/06/2019*
Prendre un ascenceur pendant sept jours, non merci !
..........................., je veux bien m'entraîner pour aller voler !

Posté par **Mathias**, *le 05/06/2019*
.... toi, j'ai pas du tout envie de m'entraîner pour aller dans l'espace...

Posté par **Jérôme**, *le 06/06/2019*
Je comprends, ... avec la navette Xfun, tu voyages seulement dix minutes, ... la navette Bespace t'emmène en douze jours !

Posté par **Mathias**, *le 06/06/2019*
C'est vrai ! .... c'est vraiment très très cher !

Posté par **Jérôme**, *le 06/06/2019*
Oh, on a le droit de rêver.

Posté par **Rabajoie**, *le 06/06/2019*
..........................., vous devriez garder les pieds sur terre et profiter des beautés de notre planète !

23. Lisez cet article sur les tests ADN où un spécialiste répond aux questions des lecteurs. Complétez-le avec les mots en étiquettes.

contrairement à	alors que	mais	en revanche

NOS SPÉCIALISTES VOUS RÉPONDENT

Pourquoi faire un test ADN ?

Faire un test pour connaître ses origines, c'est très tentant. ...., attention, il faut être sûr que les données ADN sont protégées. .... aux États-Unis, en France les tests ADN sont interdits. Dans les années 1990, il fallait des années pour récupérer les informations d'un ADN, ... maintenant ça ne prend que quelques jours. Faire un test ADN n'est pas nécessaire. ...., cela a de nombreux intérêts, on peut par exemple prévenir certaines maladies.

PROSODIE - Les groupes rythmiques

24. Lisez les phrases et soulignez les syllabes allongées (les syllabes accentuées), comme dans l'exemple.

1. Mes pa<u>rents</u> sont nés en Argen<u>tine</u>.
2. Ma grand-mère est d'origine libanaise.
3. Mon père vient d'un petit village portugais.
4. Ma famille vient du nord de l'Angleterre
5. Mes ancêtres sont colombiens.
6. Mes parents sont sénégalais, mais ils se sont connus à Paris.
7. Beaucoup de Français ont des grands-parents étrangers.
8. Marcel Proust évoque ses souvenirs.

25. Écoutez les phrases et vérifiez vos réponses. Réécoutez, 🎧 4 puis écrivez pour chaque phrase le nombre de groupes rythmiques qui la composent.

1. ....   **5.** ....
2. ....   **6.** ....
3. ....   **7.** ....
4. ....   **8.** ....

26. Répétez les phrases de l'activité 24 en respectant les groupes rythmiques.

> ➕ **Les groupes rythmiques**
> · En français, on ne sépare pas les mots dans une phrase, on prononce plusieurs mots en un seul groupe, ce qui donne au français un rythme particulier. Ces groupes de mots prononcés ensemble sont des **groupes rythmiques**. En général ils comprennent entre 2 et 5 syllabes.
> Ex.: *Ses parents sont ita<u>liens</u>.*
> · Chaque groupe rythmique se termine par une **syllabe accentuée**. Les groupes rythmiques peuvent comprendre 1, 2, 3 mots écrits (parfois plus).

27. Écoutez cet extrait de l'entretien avec le docteur Grise sur 🎧 5 la fabrique des souvenirs. Soulignez les syllabes allongées. Écoutez de nouveau et séparez les groupes rythmiques en utilisant des barres /.

> C'est tout un processus! D'abord, nous recevons les informations grâce à des organes récepteurs : les oreilles, le nez, les yeux, la peau et la langue. Ces récepteurs envoient des messages au cerveau qui traite les informations, puis le cerveau les stocke et crée nos souvenirs. Savez-vous que nous avons différentes mémoires? Par exemple, c'est la mémoire autobiographique qui active les souvenirs d'enfance et qui nous fait revivre des événements que nous avons déjà vécus.

PHONÉTIQUE - Passé composé [e] ou imparfait [ə]

28. Écoutez et cochez si les phrases sont au passé composé ou 🎧 6 à l'imparfait.

	Passé composé [e]	Imparfait [ə]
1.		
2.		
3.		
4.		
5.		
6.		
7.		
8.		

29. Écoutez de nouveau les phrases et répétez-les. Faites 🎧 6 attention à la prononciation.

PHONÉTIQUE - Masculin et féminin

30. Écoutez et cochez si les phrases se réfèrent à des objets ou 🎧 7 des personnes masculins ou féminins.

	Masculin	Féminin
1.		
2.		
3.		
4.		
5.		
6.		
7.		
8.		

31. Écoutez et cochez si on parle d'un homme ou d'une 🎧 8 femme.

	Homme	Femme
1.		
2.		
3.		
4.		
5.		
6.		
7.		
8.		

> ➕ **Les voyelles nasales et non nasales**
> Dans beaucoup de cas, la différence de prononciation entre le masculin et le féminin est une voyelle nasale ou non nasale.
> Ex.: *Il est musicien.* → [ɛ̃] voyelle nasale pour le masculin
> *Elle est musicienne.* → [ɛn] voyelle non nasale pour le féminin

PHONÉTIQUE - L'accord du participe passé

32. Écoutez et cochez si vous entendez les accords du participe passé.

🎧 9

	J'entends	Je n'entends pas
1.		
2.		
3.		
4.		
5.		
6.		
7.		
8.		

Autoévaluation

Mes compétences à la fin de l'unité 1

Je suis capable de...	J'ai encore des difficultés à...	Je ne suis pas encore capable de...	
			évoquer un souvenir lié à une émotion.
			raconter un récit au passé.
			parler de mes origines.
			exprimer des sentiments.
			parler de ma recette du bonheur.
			dire mon mécontentement.
			parler de mes souhaits et de mes projets.

Mon bagage sur cette unité

1. Qu'est-ce que vous avez appris sur la culture française et francophone?

....
....
....
....

2. Qu'est-ce qui vous a le plus intéressé et / ou étonné?

....
....
....
....

3. Qu'est-ce qui est différent par rapport à votre culture? Et qu'est-ce qui est similaire?

....
....
....
....

4. Vous aimeriez en savoir plus sur...

....
....
....
....

Allez, raconte !

Les fêtes et les traditions

1. Écrivez le nom des fêtes suivantes.

2. Écoutez ces trois personnes présenter leur fête
🎧 traditionnelle préférée. Associez le nom de la fête
10 présentée à la photo correspondante.

la fête de l'Escalade   le carnaval de Binche

le hanami

3. Réécoutez, puis complétez le tableau sur les fêtes
de l'activité précédente.

	Fête de l'Escalade	Carnaval de Binche	Hanami
De quoi s'agit-il ?			
Quand est-ce ?			
Que fait-on ?			
Que mange-t-on ?			

Le subjonctif avec *il faut / il ne faut pas*

4. Complétez ces conseils pour bien s'intégrer dans un pays
étranger à l'aide des verbes en étiquettes, puis conjuguez-
les au subjonctif présent.

être   rencontrer   apprendre   faire

rester   découvrir   adopter

7 conseils pour bien s'intégrer dans son pays d'expatriation

1) Il faut que vous _appreniez_ la langue du pays.

2) Il faut que vous _découvriez_ le pays.

3) Il faut que vous _adoptiez_ le mode de vie local.

4) Il faut que vous _rencontriez_ d'autres expatriés et des locaux.

5) Il faut que vous _soyez_ en contact régulièrement avec votre famille et vos amis pour vous sentir moins isolé.

6) Il faut que vous _restiez_ ouvert à la différence.

7) Il faut que vous _fassiez_ des efforts pour vous adapter.

5. Complétez ce forum où les internautes échangent des
conseils pour visiter le Vietnam.

CONSEILS POUR VISITER LE VIETNAM

👤**Laurianne**   Il y a des règles à respecter quand on mange avec des baguettes ?

👤**Paula**   Une est importante : il ne faut pas que tu _plantes_ (planter) tes baguettes dans ton riz, c'est un symbole de mort.

👤**Bertrand**   Il y a un comportement que je dois éviter pour ne pas choquer ?

👤**Paula**   Absolument ! Il ne faut pas que tu _te mets_ (se mettre) en colère, se fâcher est mal vu dans la culture vietnamienne.

👤**Omar**   Faut-il que je _fasse_ (faire) la bise pour dire bonjour ?

👤**Frances**   Surtout pas !

👤**Omar**   Mon amie et moi partons pour un mois au Vietnam. Y a-t-il quelque chose d'important à savoir ?

👤**Laetitia**   Ne croyez pas toujours ce qu'on vous dit quand vous demandez des informations. Il faut que vous _sachiez_ (savoir) que beaucoup de Vietnamiens ne vont jamais dire qu'ils ne connaissent pas la réponse !

Hervé Mes deux filles partent dans le sud du Vietnam. Faut-il qu'elles _Fassent_ (faire) attention à leur tenue vestimentaire ?

Frances Dans les temples, il faut qu'elles _aient_ (avoir) des vêtements appropriés, il ne faut pas qu'elles y _aillent_ (aller) les jambes et bras découverts.

Bertrand Quel type de questions peuvent poser les personnes qu'on rencontre ?

Paula Il ne faut pas que vous _soyez_ (être) surpris si les Vietnamiens vous posent des questions sur votre famille. C'est normal. Faites de même.

6. Expliquez les pictogrammes pour les visiteurs du château de Versailles en utilisant *il faut que* et *il ne faut pas que*.

Accès au musée

Comportement général des visiteurs

- amener un animal domestique : *il ne faut pas que vous ameniez votre chien.*
- utiliser une poussette : ....
- faire du feu : ....
- apporter des liquides : ....
- introduire des armes : ....
- franchir les barrières : ....
- toucher aux œuvres : ....
- boire et manger : ....
- fumer : ....
- écouter de la musique : ....

7. Répétez ces informations à un/e camarade.

• *Il ne faut pas que tu amènes ton chien.*

Exprimer des sentiments

8. Qui dit quoi ? Reliez les phrases à la photo correspondante.

1. Quelle honte ! J'ai l'air de quoi maintenant ?!
2. Ça me saoule !
3. Je suis ravi de te revoir !
4. Ça me rend triste ce film.

9. Quelle émotion avez-vous ressentie (ou ressentez-vous) quand...

- vous avez terminé vos études ? ....
- vous avez voyagé pour la première fois ? ....
- vous prenez l'avion ? ....
- vous regardez un film d'horreur ? ....
- vous lisez un bon livre ? ....
- vous avez un examen de français ? ....

10. Postez un commentaire sur l'article *Quand la tradition fait débat*. Écrivez ce que vous ressentez à l'aide de l'encadré de lexique de la page 35 du *Livre de l'élève*.

Donnez votre avis	37 commentaires
.............................dit	
....	
....	
....	

La mise en relief

11. Lisez les commentaires sur le gavage d'une membre d'une association protectrice des animaux et d'un petit producteur d'oies. Entourez la formulation qui convient.

— **C'est / Ce sont** le bien-être animal **qui / que** est important.

— **C'est / Ce sont** des pratiques cruelles **qui / que nous** condamnons.

— **C'est / Ce sont** le gavage **qui / que** nous critiquons, à petite ou à grande échelle.

— **C'est / Ce sont** la production industrielle **qui / que** pose problème.

— Nos oies, **c'est / ce sont** des animaux **qui / que** nous élevons avec respect.

— **C'est / Ce sont** la gastronomie française, notre patrimoine culturel, **qui / que** nous défendons.

12. Lisez cette présentation de quelques traditions du Nouvel An à travers le monde. Puis, reformulez-les comme dans l'exemple.

À chacun ses traditions

Au Danemark, **ils jettent la vaisselle abîmée sur le sol de leur logement.**

En Nouvelle-Zélande, **ils tapent sur leurs casseroles pour faire un maximum de bruit.**

En Espagne, **ils mangent douze grains de raisin aux douze coups de minuit.**

En Équateur, **ils brûlent des poupées géantes pour symboliser la fin de l'année.**

Au Japon, **ils déposent devant leur porte un kadomatsu (une couronne décorative).**

Au Pérou, **ils mettent des gants de boxe pour régler leurs problèmes avec leurs voisins.**

— *Ce sont les Danois qui jettent la vaisselle abîmée sur le sol de leur logement.*
— *C'est la vaisselle abîmée que les Danois jettent sur le sol de leur logement.*

13. Écoutez cette chronique sur une tradition française. Dites si les affirmations sont vraies ou fausses, et corrigez-les si nécessaire, en employant la mise en relief. 🎧 11

1. Le reportage présente la tradition des vœux du Premier ministre. V / F
— *C'est la tradition* ....
2. Une allocution est un discours. V / F
....
3. Cette tradition existe depuis 1950. V / F
....
4. De Gaulle a lancé cette tradition. V / F
....
5. Le président souhaite un joyeux Noël aux Français. V / F
....
6. L'allocution passe à la radio. V / F
....
7. Toutes les allocutions sont disponibles sur le site de l'Ina (Institut national de l'audiovisuel). V / F
....
8. Le président Pompidou était à l'aise devant les caméras. V / F
....

Les contes

14. Écrivez le nom des personnages de conte sous les dessins.

le Prince Charmant

Blanche-Neige

Cendrillon

Le Petit Chaperon Rouge

15. Écoutez le conte *Biquette*, cochez le dessin qui convient pour l'illustrer. 🎧 12

16. Réécoutez le conte, cochez les réponses correctes. 🎧 12

1. Quand commence cette histoire ?
☐ Un matin d'hiver.
☑ Un après-midi d'été.
☐ Un soir d'automne.

2. Pourquoi Biquette s'enfuit-elle ?
☐ Elle s'ennuie.
☑ Elle veut être libre.
☐ Elle veut quitter sa mère.

3. Que doit faire Biquette pour pouvoir rentrer chez sa mère ?
- ☐ Faire rire le loup.
- ☑ Lui dire trois choses vraies.
- ☐ Deviner pourquoi il n'a pas faim.

4. Pourquoi le loup n'a-t-il pas faim ?
- ☑ Il a déjà mangé.
- ☐ Il est au régime.
- ☐ Il vient de faire un pique-nique.

5. Biquette ne raconte pas à sa mère ce qui s'est passé parce qu'elle pense que...
- ☐ sa mère va la punir.
- ☑ sa mère ne va pas la croire.
- ☐ sa mère va avoir très peur.

6. Quelle est la conclusion de l'histoire ?
- ☑ Les enfants ne doivent pas désobéir à leurs parents.
- ☐ Les parents doivent être moins sévères.
- ☐ Les parents doivent écouter et croire leurs enfants.

Les indicateurs temporels

17. Complétez le conte *Raiponce* à l'aide des mots et expressions en étiquettes.

soudain   un jour   le lendemain   ce jour-là

il était une fois   le surlendemain   après

Raiponce

.... une princesse qui vivait dans un grand royaume. Elle n'était pas heureuse : son père ne la laissait pas sortir du château, car il avait peur qu'il lui arrive quelque chose de mal. Mais, ..., la princesse s'est enfuie. Malheureusement, elle a rencontré une sorcière qui l'a enlevée et l'a enfermée en haut d'une tour. Tous les jours, la princesse jetait ses très longs cheveux blonds par la fenêtre, ainsi la sorcière s'accrochait aux cheveux et montait le long du mur. Heureusement, un prince est venu la sauver.
.........................., le prince se promenait et a vu la sorcière monter dans la tour. Il s'est caché derrière un arbre et, quand il a vu la princesse, il est tombé immédiatement amoureux.
.... le départ de la sorcière, le prince a appelé la belle, elle l'a laissé monter et ils ont passé tout l'après-midi ensemble. ...., il est revenu la voir. ...., aussi, ..., au milieu de l'après-midi, la sorcière est revenue. Le prince s'est caché dans une armoire…

18. À partir des notes du journal intime de Cendrillon, racontez ce qui est arrivé avant son mariage. Vous pouvez inventer certains passages. Utilisez les mots et expressions en étiquettes.

une semaine avant   deux jours avant   la veille

le jour suivant   le lendemain

à ce moment-là   une semaine plus tard

Lundi 2 avril
Rencontre de ma marraine. C'est une fée !

Mercredi 4 avril
Invitation pour aller au bal du prince.

Jeudi 5 avril
Mes demi-sœurs ont déchiré ma robe de bal.

Vendredi 6 avril
Premier bal. Ma marraine m'a offert une robe. J'ai rencontré le prince.

Samedi 7 avril
Deuxième bal, deuxième robe !

Dimanche 8 avril
Troisième bal. J'ai perdu une chaussure.

Du lundi 9 au vendredi 13 avril
Ils recherchent la propriétaire de la chaussure.

Vendredi 13 avril
Le prince m'a retrouvée, il m'a demandée en mariage !

Samedi 21 avril
Mariage avec mon prince.

— *Deux jours avant le premier bal, Cendrillon a reçu une invitation.*

19. Qu'avez-vous fait (ou que faites-vous) avant ou après ces moments de votre vie ?

- **Vos 10 ans**
Cette année-là, ...

- **Votre dernier jour d'école avant les vacances**
Le lendemain, ...

- **L'obtention de votre dernier diplôme**
Un mois plus tard, ...

- **L'obtention de votre permis de conduire**
La veille, ...

- **La rencontre d'une personne que vous aimez**
Ce jour-là, ...

- **Un soir où vous vous couchez tard**
Le lendemain, ...

20. Écoutez l'interview de l'écrivaine Véronique Tadjo pour son roman *En compagnie des hommes*. Cochez les éléments que vous entendez.

13

☐ Le roman se passe au siècle passé.
☐ Il s'agit d'une histoire contemporaine.
☐ Ce roman est également un poème.
☐ Cela se passe en Amérique du Sud.
☐ L'écrivaine s'intéresse à la solidarité entre les humains.
☐ Véronique Tadjo a choisi le genre du conte, car il est intemporel et universel.
☐ Elle veut remettre le conte à la mode.
☐ Le conte offre beaucoup de liberté.
☐ Le conte a obligé l'auteure à respecter plusieurs règles.
☐ Le conte s'adresse exclusivement aux enfants.
☐ Le conte offre plusieurs niveaux de lecture.

Les pronoms toniques et COI

21. Associez les verbes suivants à leur complément.

se servir O

se méfier O

s'intéresser O

penser O   O à quelqu'un / à quelque chose

rêver O

s'identifier O

attendre quelque chose O   O de quelqu'un / de quelque chose

avoir envie O

faire peur O

avoir peur O

22. Écrivez la légende des photos à l'aide des verbes en étiquettes.

s'intéresser à	avoir peur de	avoir envie de	raconter à

....

....

23. Répondez à ces questions sur l'article de la page 40 du *Livre de l'élève* en utilisant un pronom pour ne pas répéter les éléments soulignés.

1. Est-ce que les griots viennent <u>d'Afrique de l'Ouest</u> ?
2. À l'origine, combien de familles composaient <u>la caste des griots</u> ?
3. Est-ce que le griot se sert <u>d'instruments</u> pour accompagner son récit ?
4. Est-ce qu'il doit apprendre <u>l'histoire des familles nobles</u> ?
5. Pourquoi contacte-t-on aussi un <u>griot</u> ?
6. Est-ce que le griot est souvent <u>sur la place publique</u> ?
7. Après le spectacle, que vont donner les spectateurs <u>au griot</u> ?

24. Lisez cet article et entourez les pronoms qui conviennent.

● ○ ○

LES GRIOTS

Les griots jouent le rôle de psychologue, c'est-à-dire que les gens se confient à **leur / eux**. Ils **les / leur** racontent leurs problèmes, ils **les / leur** font confiance. Les griots **les / leur** donnent des conseils et **les / leur** aident à résoudre leurs problèmes. Les griots connaissent beaucoup de contes. Ils **lui / en** racontent presque tous les jours. Savez-vous qu'il existe aussi des griottes ? On fait appel à **les / elles** pour accompagner le récit des griots.

25. Lisez et complétez ce test avec les pronoms qui conviennent.

Êtes-vous un bon parent ?

1. L'école de votre enfant ferme demain.
a. Vous prenez congé pour vous occuper de ....
b. Vous demandez à vos parents de .... garder.
c. Vous .... emmenez avec vous au travail.

2. Votre fils pleure.
a. Vous .... consolez.
b. Vous .... demandez pourquoi il pleure.
c. Vous .... dites d'arrêter tout de suite.

3. Vous lisez une histoire à votre enfant qui vous interrompt tout le temps.
a. Vous .... laissez faire.
b. Vous .... expliquez que ce n'est pas agréable.
c. Vous arrêtez de .... lire l'histoire.

4. Votre fille veut mettre ses chaussures neuves pour jouer dans le jardin.
a. Vous .... laissez faire.
b. Vous .... expliquez qu'elle va les abîmer.
c. Vous .... ordonnez de .... enlever tout de suite.

5. Vos enfants sont en vacances chez leurs grands-parents.
a. Vous ne pensez pas du tout à ....
b. Vous .... appelez tous les jours.
c. Vous rêvez d'................ toutes les nuits.

PROSODIE - Les groupes rythmiques

26. Écoutez et répétez.

🎧 14

1. Café
Un café
Un petit café

2. Thé
Un thé
Un thé chaud

3. Bière
Une bière
Une bière glacée

27. Écoutez les phrases suivantes et marquez combien de groupes rythmiques vous entendez. Puis, écrivez, en dessous de chaque groupe rythmique, le nombre de syllabes qui le composent.

🎧 15

1. Dans mon pays il y a beaucoup de traditions.

2. À Noël, les gens échangent des cadeaux.

3. En France, on mange du foie gras à Noël.

4. En Italie, on échange des cadeaux.

5. Au Mexique, les enfants mettent leurs chaussures sous le sapin.

6. Aux États-Unis, pour Noël, ils préparent de la dinde.

7. Au Brésil, il fait chaud à Noël.

8. Chez moi on se couche tôt.

28. Répétez les phrases de l'activité précédente, en faisant attention à respecter les groupes rythmiques.

29. Lisez et répétez les phrases rythmiques suivantes.

1. Ta ta taaa / ta taaa / ta ta taaa
2. Ta taaa / ta ta taaa / ta ta ta taaa
3. Ta ta ta taaa / ta ta taaa / ta taaa
4. Ta taaa / ta ta taaa / ta ta taaa
5. Ta ta taaa / ta ta taaa / ta ta taaa
6. Ta ta taaa / ta ta taaa / ta taaa
7. Taaa / ta ta ta taaa / ta taaa
8. Ta ta ta taaa / ta taaa / ta ta taaa

30. Inventez des phrases qui correspondent à ces rythmes, comme dans l'exemple.

1. Mes amis / viendront / pour Noël.
2.
3.
4.
5.
6.
7.
8.

31. Lisez le texte de Franquin et séparez les groupes rythmiques en mettant des barres /. Puis répétez le texte en respectant le rythme.

> Chez les Papous, y a des Papous papas et des Papous pas papas. Mais chez les papous, y a des Papous à poux et des Papous pas à poux. Donc, chez les Papous, y a des Papous papas à poux et des Papous pas papas pas à poux. Mais chez les poux, y a des poux papas et des poux pas papas. Donc, chez les Papous, y a des Papous papas à poux papas, des Papous papas à poux pas papas, des Papous pas papas à poux papas et des Papous pas papas à poux pas papas.

32. Répétez le virelangue suivant en faisant attention à la prononciation.

Les vers verts levèrent leurs verres verts
vers le ver vert berbère.

PRONOCIATION - La discrimination des sons [b] et [v]

33. Écoutez et répétez les phrases suivantes.

🎧 16

1. Êtes-vous un bon parent ?
2. Partagez-vous souvent votre temps avec vos enfants ?
3. Allez-vous en vacances avec eux ?
4. Parlez-vous de leurs problèmes ?
5. Savez-vous ce qu'ils veulent faire ?

34. Écoutez et cochez l'image qui correspond à la phrase entendue.

🎧 17

1

2

3

4

5

6

7

Autoévaluation

Mes compétences à la fin de l'unité 2

Je suis capable de / d'...	J'ai encore des difficultés à...	Je ne suis pas encore capable de / d'...	
			parler des traditions, questionner leur l'utilité et leur actualité.
			conseiller, recommander.
			exprimer des sentiments.
			raconter une histoire.
			parler des différences culturelles des contes.
			situer des événements.
			décrire ma relation aux autres.

Mon bagage sur cette unité

1. Qu'est-ce que vous avez appris sur la culture française et francophone ?

   ....
   ....

2. Qu'est-ce qui vous a le plus intéressé et / ou étonné ?

   ....
   ....

3. Qu'est-ce qui est différent par rapport à votre culture ? Et qu'est-ce qui est similaire ?

   ....
   ....

4. Vous aimeriez en savoir plus sur...

   ....
   ....

Langues vivantes

03

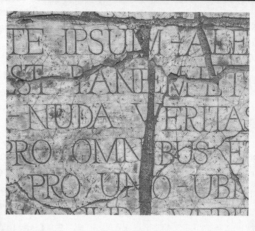

Les origines de la langue française

1. Faites des recherches sur les mots suivants et associez-les à leur langue d'origine. Puis, complétez les phrases.

- un jean
- un piercing
- du poulet
- du paprika
- un sorbet
- un hamac
- un patio
- un abricot
- un accordéon

LANGUE D'ORIGINE
- anglais
- allemand
- italien
- espagnol
- hongrois
- arabe
- latin

- Au restaurant, j'ai pris du .... au ...., et en dessert, un .... à l' ....
- Chez lui, Paul fait la sieste dans un .... dans le ....
- Lola est musicienne, elle joue de l' .... , elle a un .... à la lèvre et elle porte souvent des ....

2. Complétez cette table des matières extraite d'un livre sur la langue française, à l'aide des étiquettes et du fleuve du français de la page 44 du *Livre de l'élève*.

arabes · anglais · Moyen Âge

italiennes · espagnol · latin

SOMMAIRE

I. LA CONSTRUCTION DU LEXIQUE FRANÇAIS
- Les influences du .... et du gaulois
- Les mots germaniques

II. LES AUTRES LANGUES AU ....
- Les mots .... dans le domaine scientifique

III. LA RENAISSANCE ET LES INFLUENCES ....
- L'apport des langues latines : l'............................ et le portugais

IV. ET LES AUTRES LANGUES ?
- L'influence de l'............................ au XIXᵉ siècle
- L'influence des langues orientales

3. Écoutez la chronique radio et complétez la fiche sur le livre que présente la chroniqueuse.
🎧 18

Titre : *Romanesque*
Année de publication : ....
Éditeur : Michel Lafon
Thème : ....
Sujets des livres précédents :
Métronome : ....
Hexagone : ....

Qualités du livre :
– ....
– ....
– ....

Points négatifs :
– ....

Commentaire général :
– ....
....
....
....

Les pronoms relatifs composés

4. Reformulez ces phrases avec des pronoms relatifs composés pour éviter les répétitions des mots soulignés.

- Il connaît des mots catalans. Grâce à ces <u>mots</u>, il comprend un peu l'espagnol.
....
....

- Elle a acheté un dictionnaire italien-français. Dans ce <u>dictionnaire</u>, on trouve l'origine latine de chaque mot.
....
....

- J'ai téléchargé un jeu gratuit. Avec ce <u>jeu</u>, on apprend des mots roumains.
....
....

- En master de traduction, elle voulait étudier le portugais. Avec le <u>portugais</u>, il y a beaucoup de possibilités de travail.
....
....

- C'est un sujet intéressant. Personne n'a jamais écrit d'article sur ce <u>sujet</u>.
....
....

- Ils sont contents de connaître des expressions corses. Sans ces <u>expressions</u>, leurs vacances à Bastia seraient moins amusantes.
....
....

- Le monument le plus ancien de la ville date du XIIIᵉ siècle. À côté de ce <u>monument</u>, il y a l'université.
....
....

5. Lisez la présentation de ce livre, puis complétez les phrases.

LES CITATIONS LATINES EXPLIQUÉES

Cogito ergo sum, *Veni, vidi, vici* sont des expressions latines très souvent lues ou entendues dans la vie de tous les jours, mais qu'on ne comprend pas parfaitement. Certains jours, les Français prononcent, sans le savoir, plus de quatre expressions latines. Dans les BD *Astérix*, ces expressions latines prennent vie grâce à l'humour des auteurs. Elles sont toutes rassemblées et expliquées dans ce livre illustré. Grâce à ce livre amusant, et à travers les combats des Gaulois et des Romains, on comprend que le latin n'est pas du tout une langue morte !

Texte adapté d'après www.editionsduchene.fr

• Il y a des jours pendant lesquels les Français ....

• L'humour est le moyen par lequel ....

• C'est un livre dans lequel ....

• C'est un livre amusant grâce auquel ....

• Dans *Astérix*, les Romains sont des personnages contre lesquels ....

6. Complétez le questionnaire d'une étudiante sur ses études de latin avec des pronoms relatifs composés et les prépositions en étiquettes.

| pour | pendant | grâce à | avec |

> *Nom, prénom : Louane De la Fuente*
>
> ## Le latin et vous
> — Les années .... vous avez étudié le latin : *1995 – 1996*
> — Le livre .... vous avez étudié : *Servus*
> — Les raisons .... vous avez choisi le latin : *faire un voyage à Pompéi à la fin de l'année*
> — La personne .... vous avez aimé le latin : *Mlle Puech, ma prof quand j'avais 13 ans*

Exprimer son intérêt

7. Reformulez les phrases suivantes pour donner la même information de façon différente.

• Samira s'intéresse à la langue kabyle.

• Mathieu est passionné par les alphabets.

• Clément se passionne pour les langues asiatiques.

• Amélie est intéressée par l'origine des mots.

• Vincent est un passionné de traduction.

• La syntaxe intéresse beaucoup José.

8. Écoutez les témoignages, et associez chaque personne à son centre d'intérêt. Puis écrivez une phrase pour résumer chaque témoignage.

19

Ludovic O	O la grammaire
Julie O	O l'origine des mots
Fatoumata O	O la traduction
Redouane O	O la prononciation

• Ludovic ....

• Julie ....

• Fatoumata ....

• Redouane ....

9. Faites des recherches, puis complétez ces définitions de collectionneurs et passionnés en choisissant la préposition correcte.

• Un numismate est un **passionné de/ à** ....
• Un philatéliste est **intéressé pour / par** ....
• Un conchyliologue **s'intéresse pour / à** ....
• Un glycophile est **passionné par / de** ....
• Un malacologue **se passionne à / pour** ....
• Les fabophiles **s'intéressent de / à** ....
• Un oenographile **se passionne à / pour** ....

Exprimer une opinion

10. Lisez ces phrases extraites d'un forum sur les langues, puis conjuguez les verbes entre parenthèses au mode qui convient (indicatif ou subjonctif).

1. Patricia croit que les Québécois (parler) .... un meilleur français que beaucoup de Français.
2. Georges ne trouve pas que l'apprentissage des langues (faire) .... partie des savoirs fondamentaux.
3. Cindy ne pense pas que le français (pouvoir) .... devenir une langue mondiale.
4. Kamel croit qu'une langue sans littérature (ne pas être) .... une vraie langue.
5. Isadora ne croit pas que l'anglais (être) .... particulièrement beau.
6. Fatih pense que les gens (connaître) .... tous les mots de leur langue maternelle.
7. Juan ne pense pas qu'il y (avoir) .... plus de verbes irréguliers en français qu'en espagnol.
8. Robert ne croit pas que les Français (savoir) .... ce que signifie l'expression québécoise « tire-toi une bûche ».

11. Lisez ce tract d'une association de défense de l'espéranto. Formulez des opinions contraires en utilisant les verbes *croire, trouver, penser* à la forme négative.

8 BONNES RAISONS D'ÉTUDIER L'ESPÉRANTO

1. L'espéranto appartient à tout le monde car il n'appartient à aucun peuple.

2. L'espéranto est plus facile à apprendre que les langues existantes.

3. L'espéranto permet d'enrichir l'offre de cours de langues dans les écoles.

4. L'espéranto élargit l'horizon culturel des élèves.

5. L'espéranto a un avenir comme langue internationale.

6. L'espéranto peut devenir une langue commune européenne.

7. Les nouvelles générations parleront et écriront en espéranto.

8. Le latin disparaîtra un jour au profit de l'espéranto.

1. ....
2. ....
3. ....
4. ....
5. ....
6. ....
7. ....
8. ....

12. Écoutez ces phrases extraites d'une conversation entre amis sur les langues, puis complétez le tableau.

🎧 20

	Accord	Désaccord	Expression utilisée pour dire son accord ou son désaccord
1			
2			
3			
4			
5			
6			
7			
8			

13. Écoutez ce reportage sur une école qui propose des cours d'espéranto, puis complétez les phrases suivantes en fonction de ce que vous entendez.

🎧 21

Pour les pédagogues...
- L'espéranto est ...., ..., et ....
- Il permet de ...., et il ....
- Il favorise aussi ....,
- Grâce à l'espéranto, on peut enfin ....

Parler des langues régionales

14. Lisez ces commentaires extraits d'un forum sur les langues régionales françaises. Sont-ils écrits par des défenseurs des langues régionales ou par des partisans d'une langue unique ?

1. Toutes les langues sont égales, il n'y a pas de langues supérieures et de langues inférieures.
2. Il y a 73 langues minoritaires en France, c'est trop pour les protéger toutes.
3. Les langues régionales mettent en danger l'unité nationale.
4. Le développement de la francophonie est incompatible avec la défense des langues régionales.
5. Les langues régionales ne peuvent pas exprimer la modernité.
6. Les langues régionales ne sont pas des langues, ce ne sont que des déformations orales.
7. L'apprentissage d'une langue régionale stimule l'apprentissage des langues et la motivation en général.
8. Si on enseigne une langue régionale à l'école, les enfants auront moins de temps pour apprendre une autre langue.
9. Un état doit avoir une seule langue pour tous, c'est une question d'égalité.
10. La France doit respecter les mêmes critères démocratiques que ses voisins européens, et défendre et promouvoir les langues régionales.

15. Observez ces deux photos, faites des recherches, puis complétez les légendes.

Région : ....
Langue : ....

| Région : .... |
| Langue : .... |

16. À deux, jouez la situation suivante : vous vivez en France, vous voulez apprendre une langue régionale, mais vous n'êtes pas d'accord sur le choix. Chacun essaie de convaincre l'autre. Préparez vos arguments si nécessaire.

17. Écoutez cette émission de radio, puis répondez aux questions.

22

1. Quel est le point commun entre les trois invités ?

....

2. Qu'est-ce qui a motivé Alain et Brigitte ?

....

3. Qu'est-ce qu'Alain et Maïté mettent en avant dans leur témoignage ?

....

4. Selon Brigitte, qu'est-ce qui est intéressant ?

....

....

Les indéfinis

18. Observez la photo et décrivez-la à l'aide des mots en étiquettes.

| tous | chaque | la plupart |

| plusieurs | quelques | certains |

19. Lisez le texte et choisissez l'adjectif indéfini adéquat.

● ○ ○

📱 **DES APPLICATIONS POUR APPRENDRE DES LANGUES AFRICAINES**

22.06.19 Il existe un peu plus de 2 000 langues africaines. Cependant, malgré leur nombre, aucune de / plusieurs de ces langues ne fait partie des 15 langues les plus parlées au monde et peu de / beaucoup de langues africaines ont un statut officiel dans leurs pays, qui ont souvent choisi les langues de la colonisation.
Dans certains / chaque pays comme le Sénégal, où 80 % de la population parle le wolof, on se demande quand le wolof sera la langue officielle du pays.
Mais pendant ce temps, à travers la musique, les réseaux sociaux, l'art et même la technologie, quelques / beaucoup d'efforts sont faits pour la promotion des identités linguistiques en Afrique. Sur Twitter, les personnes qui partagent une même langue africaine dialoguent librement. De même, de nombreux / chaque sites Web, livres, chaînes YouTube enseignent les langues africaines à tous ceux qui veulent les apprendre. Voici quelques / certaines applications utiles.
LINGUARENA : c'est probablement une des applications les plus complètes pour découvrir aucune / quelques langues africaines. Pour environ 10 euros, elle permet de maîtriser la grammaire et le vocabulaire essentiels du wolof, du bambara et du swahili. Grâce à des images et au principe de la répétition, elle aide à apprendre rapidement peu de / beaucoup de mots.
MALANG : Malang est un ensemble de trois applications pour l'apprentissage des langues locales ivoiriennes. Elle permet à quelques / tous les amoureux de la culture ivoirienne d'apprendre à tout moment et en tout lieu. Chaque / Plusieurs application correspond à une langue ivoirienne populaire : le bété, le baoulé et le dioula.
PULAAR : cette application ludique est très utile pour apprendre le pulaar, une langue africaine parlée dans plus de 20 pays et qui a tous les / plusieurs noms sur le continent. L'application Pulaar intègre un ensemble de caractères spéciaux de la langue.

20. Écoutez la chronique audio, puis complétez la fiche.

🎧 23

1 > Le nombre de langues dans le monde:

....

2 > Les langues sont importantes car elles sont :

– ....

– ....

– ....

3 > Le pourcentage de langues menacées de disparition :

4 > Les objectifs de l'année internationale des langues autochtones :

– ....

– ....

– ....

21. Lisez le texte, puis répondez aux affirmations qui suivent par vrai ou faux. Justifiez chaque réponse en citant le texte.

LE LOREM IPSUM

> Lorem ipsum dolor sit amet, consectetur adipiscing elit, sed eiusmod tempor incidunt ut labore et dolore magna aliqua. Ut enim ad minim veniam, quis nostrud exercitation…

Le *lorem ipsum*, aussi appelé « faux texte » est un texte sans aucune signification, utilisé dans le milieu de l'édition et de la presse pour travailler la mise en page d'un document. La plupart des historiens disent que le *lorem ipsum* est utilisé depuis les années 1500. Aujourd'hui, il en existe plusieurs versions, mais tous les *lorem ipsum* sont des déformations d'un texte latin original de Cicéron. Chaque mot du texte a été modifié, et le texte original a perdu tout son sens. Certains traducteurs ont essayé de le traduire, mais sans succès. Ils n'ont pu traduire que quelques mots isolés. Ce texte a beaucoup d'avantages, car certains mots sont longs, d'autres sont courts, et produisent un texte qui ressemble à une vraie langue. Il permet de rester concentré seulement sur la forme pendant le travail d'édition.

- Quelques historiens disent que le texte est utilisé depuis 1500. V / F
- Il existe une seule version du *lorem ipsum*. V / F
- Le *lorem ipsum* est un texte en latin. V / F
- Aucun mot du texte actuel n'est identique au texte original. V / F
- Le texte est impossible à traduire. V / F
- Tous les mots du *lorem ipsum* ont la même longueur. V / F

22. Lisez cet extrait de la quatrième de couverture du livre du linguiste Claude Hagège *Halte à la mort des langues*. Pensez-vous que cette disparition soit inévitable ? Que pourrait-on faire pour arrêter ce phénomène ? Rédigez un texte de 100 mots environ pour donner votre avis. Utilisez les expressions de la page 49 du *Livre de l'élève*.

> Sait-on qu'en moyenne, il meurt environ 25 langues chaque année ? Il existe aujourd'hui dans le monde 5 000 langues vivantes. Dans cent ans, si rien ne change, la moitié de ces langues seront mortes. À la fin du XXIe siècle, il devrait donc en rester 2 500 environ, et sans doute beaucoup moins encore si l'on tient compte d'une accélération, fort possible, du rythme de disparition.
>
> Extrait de *Halte à la mort des langues*,
> de Claude Hagège,
> Paris, Odile Jacob, 2002

L'hypothèse imaginaire

23. Que vous dirait votre animal de compagnie s'il pouvait parler ? Vous dirait-il des choses agréables ou désagréables ? Écrivez trois phrases en commençant par « si mon animal de compagnie parlait… »

1. ....
2. ....
3. ....

24. Complétez ce témoignage avec des verbes conjugués au temps qui convient. Puis, écoutez l'audio pour vérifier vos réponses.

🎧 24

Ma vie rêvée de bilingue

Parfois j'imagine une vie différente. Par exemple, si mon père .... anglais et ma mère française, je .... bilingue, et ce .... super, parce que je .... parfaitement les chansons des artistes que j'aime ! Je .... les vraies paroles de leurs chansons sans dire « lala chicken in the night lalala ». Je .... aussi regarder mes séries préférées en VO, et je .... les vraies voix des acteurs. Je .... des rêves en langue étrangère, peut-être des fois .... les deux langues. Je .... beaucoup dans les cours de langue, parce que je m'y .... Mes amis .... très jaloux de moi parce que je .... tout. Je ne les .... pas quand ils font des erreurs, mais parfois je me .... d'eux, gentiment. Et puis, si j'................... bilingue, j'................... une autre langue, juste pour voir quel effet ça fait !

25. Comment pourriez-vous faire des progrès en langue ? Faites des hypothèses imaginaires comme dans l'exemple.

— *Si les films à la télé étaient sous-titrés, je serais habituée à entendre d'autres langues.*

– ....
– ....
– ....

PROSODIE - Les groupes rythmiques

26. Écoutez les paroles de la chanson *Polyglotte* d'Henri Dès et marquez les groupes rythmiques. Ensuite, cherchez la chanson sur Internet pour l'écouter.

🎧 25

Moi j'sais parler
Toutes les langues, toutes les langues
Moi j'sais parler
Les langues du monde entier
J'en savais rien
Mais maintenant que tu le dis
C'est enfantin
Ça va changer ma vie
J'ai des baskets
Ça c'est un mot en anglais
J'ai des baskets
Pour faire mes p'tits trajets
Un anorak
Mot qui vient des esquimaux
Un anorak
Pour quand il fait pas beau
Moi j'sais parler
Toutes les langues, toutes les langues

Moi j'sais parler
Les langues du monde entier
J'en savais rien
Mais maintenant que tu le dis
C'est enfantin
Ça va changer ma vie
Les spaghetti
Mot qui nous vient d'Italie
Les spaghetti
Me mettent en appétit
C'est le yaourt
Mot qui vient de Bulgarie
C'est le yaourt
Mon dessert de midi
Moi j'sais parler
Toutes les langues, toutes les langues
Moi j'sais parler
Les langues...

Henri Dès, extrait de *10 Far West*

27. Complétez les phrases suivantes en écrivant ce que vous en pensez et en remplaçant les « ta ta taaa ». Attention à respecter le rythme.

- Le français ta ta taaa
- L'italien, ta ta taaa
- Et l'arabe, ta ta taaa
- Et l'anglais, ta ta taaa
- Et l'allemand, ta ta taaa
- Le chinois, ta ta taaa
- Le finnois, ta ta taaa
- Et le russe, ta ta taaa
- Et le grec, ta ta taaa
- L'espagnol, ta ta taaa
- Le roumain, ta ta taaa

— *Le français, c'est facile.*

28. Répondez aux questions en remplaçant les « ta ta taaa ». Attention à respecter le rythme

1. — Vous parlez combien de langues ?
— Ta ta taaa.
— ....

2. — Lesquelles ?
— Ta ta taaa, ta ta taaa, ta ta ta taaa.
— ....

3. — Vous voyagez beaucoup ?
— Taaaa, ta ta taaa. Ta ta ta taaa.
— ....

4. — Et vous pratiquez ces langues ?
— Taaaa, ta ta ta ta taaa.
— ....

29. Lisez le virelangue suivant en respectant les groupes rythmiques.

> Si six scies scient six cyprès, six cent six scies scient six cent six cyprès.

PRONONCIATION - Le [ə] instable

30. Écoutez et répétez les phrases

🎧 26

1. C'est vendredi.
2. Que fait-il ?
3. Je ne sais pas.
4. Je porte une robe verte.
5. Mais, regarde-le !
6. Ce film est très bon.
7. Il part avec son amie.
8. Fais-le !
9. Ce n'est pas bon !
10. Mercredi prochain.
11. Que veux tu ?

31. Complétez l'encadré à l'aide de l'activité précédente.

➕ **La prononciation du [ə]**

Le **e** est prononcé [ə] :

• Quant il est placé .... du groupe rythmique.
Ex. : *Que fait-il ?*

• Quand il est placé en syllabe accentuée.
Ex. : ....

• Quant il est placé après deux .... (prononcées) et suivi d'une consonne.
Ex. : *Mercredi prochain.*

Il n'est jamais prononcé .... du groupe rythmique.
Ex. : *Il part avec son amie.*

32. Lisez le texte suivant et barrez les *e* qui ne se prononcent pas.

LE LOREM IPSUM

Le *lorem ipsum*, aussi appelé « faux texte » est un texte sans aucune signification, utilisé dans le milieu de l'édition et de la presse pour travailler la mise en page d'un document. La plupart des historiens disent que le *lorem ipsum* est utilisé depuis les années 1500. Aujourd'hui, il en existe plusieurs versions, mais tous les *lorem ipsum* sont des déformations d'un texte latin original de Cicéron. Chaque mot du texte a été modifié, et le texte original a perdu tout son sens. Certains traducteurs ont essayé de le traduire, mais sans succès. Ils n'ont pu traduire que quelques mots isolés. Ce texte a beaucoup d'avantages, car certains mots sont longs, d'autres sont courts, et produisent un texte qui ressemble à une vraie langue. Il permet de rester concentré seulement sur la forme pendant le travail d'édition.

PRONONCIATION - Le [ə] instable

33. Écoutez l'enregistrement et vérifiez vos réponses.

27

34. Lisez le texte de l'activité 33 à haute voix en respectant la prononciation ou la non-prononciation du *e*.

Phonétique - Discriminer l'imparfait et le conditionnel

35. Écoutez et cochez si vous entendez l'imparfait ou le conditionnel.

28

	Imparfait	Conditionnel
1.		
2.		
3.		
4.		
5.		
6.		
7.		
8.		

Autoévaluation

Mes compétences à la fin de l'unité 3

Je suis capable de / d'...	J'ai encore des difficultés à...	Je ne suis pas encore capable de / d'...	
			parler des origines et de l'influence d'une langue.
			exprimer mon intérêt.
			exprimer mon opinion, mon accord et mon désaccord.
			parler de ma relation aux langues.
			caractériser une langue.
			faire des hypothèses imaginaires.

Mon bagage sur cette unité

1. Qu'est-ce que vous avez appris sur la culture française et francophone ?

....

....

2. Qu'est-ce qui vous a le plus intéressé et / ou étonné ?

....

....

3. Qu'est-ce qui est différent par rapport à votre culture ? Et qu'est-ce qui est similaire ?

....

....

4. Vous aimeriez en savoir plus sur...

....

....

....

Bêtes
de scène

Qualifier un spectacle

1. Lisez les critiques des spectateurs sur le spectacle de Jean Paul Gaultier *Fashion Freak Show*. Sont-elles positives ou négatives ? Laquelle parle du chant, de la danse, de la vidéo, des costumes, de la mise en scène, du thème du spectacle ?

La mode en spectacle

Jean Paul Gaultier, un des plus célèbres créateurs de mode, propose pour la première fois un spectacle basé sur sa vie. De la découverte de sa passion pour la haute couture à ses premiers défilés, en passant par sa vie personnelle, son spectacle mélange la mode et les arts de la scène. Une merveille !

✓ **Lilian** Évidemment les costumes sont absolument magnifiques. J'ai toujours aimé les vêtements de Gaultier, et là, tout le monde en porte : mannequins, danseurs, chanteurs. C'est un vrai festival, on en prend plein les yeux !

✓ **Khadidja** Certains numéros sont chantés en direct, d'autres non. L'ensemble des chansons et musiques est assez original et parfois surprenant. J'ai particulièrement apprécié la prestation de Demi monDaine, sa voix unique apporte quelque chose de nouveau aux reprises des succès internationaux.

✓ **Michel** J'ai adoré les chorégraphies ! Un mélange de moderne et de hip-hop, c'est super ! Toutes les danses s'enchaînent et ne se ressemblent pas. Et tous les danseurs sont hyper glamour et plein d'énergie !

✓ **Iza** Il y a parfois de courtes vidéos entre les numéros, on y voit de nombreuses actrices amies de Jean Paul Gaultier. Elles sont parfois très drôles et font rire à certains moments plus tristes et émouvants du spectacle.

✗ **Jean-Pierre** Si vous ne connaissez pas beaucoup l'œuvre de Gaultier, *Fashion Freak Show* offre une parfaite introduction à sa carrière. Les numéros du spectacle nous montrent aussi que sa vie n'a pas toujours été facile, c'est intéressant et divertissant à la fois.

✗ **Guy** La scénographie du *Fashion Freak Show* est trop classique pour moi. Les projections vidéo et les numéros ne sont pas véritablement innovants, je préfère voir les spectacles du Cirque du Soleil !

2. Faites des recherches sur les films suivants, puis complétez les résumés à l'aide des mots en étiquettes.

succès	musique	opéra	cirque	théâtre

chanteuse	artiste	clown	carrière	public

Qu'est-ce qu'on regarde ce soir ?

Marguerite
Réalisé par Xavier Giannoli, sorti en 2015
À Paris, dans les années 1920, Marguerite Dumont est une femme fortunée passionnée de .... et d'............. Depuis des années, elle chante régulièrement devant un cercle d'habitués. Mais Marguerite est une mauvaise .... Son mari et ses proches ne lui ont jamais dit qu'elle chantait faux. Tout se complique le jour où elle décide de se produire devant un vrai ....

Chocolat
Réalisé par Roschdy Zem, sorti en 2016
Du .... au ...., de l'anonymat à la gloire, l'incroyable destin du .... Chocolat, premier .... noir de la scène française. Le duo qu'il forme avec son ami Footit, va rencontrer un immense .... populaire dans le Paris de la Belle Époque. Mais la célébrité, l'argent, le jeu et le racisme vont user leur amitié et la .... de Chocolat.

3. Mélangez les histoires des deux films présentés dans l'exercice précédent. Rédigez un court résumé de la nouvelle histoire appelée *Marguerite et Chocolat*. Puis, comparez-la avec celles de vos camarades.

4. Écoutez les deux journalistes et complétez les fiches de ces deux lieux de spectacles.
🎧 29

Théâtre Le Guignol de Lyon
2, rue Louis-Carrand
69005 Lyon
Audio numéro : *1*
Genre du spectacle : *Marionettes*
Histoire racontée : *pièces classiques*
Lieu du spectacle : *incontournable*
Type de public : *adultes et enfants*
Réactions du public : *rires*

Théâtre Royal de Toone
66, rue du Marché-aux-Herbes
1000 Bruxelles
Audio numéro : *2*
Genre du spectacle : *Marionettes*
Histoire racontée : *humor*
Lieu du spectacle : *petite salle*
Type de public : *toutes les générations*
Réactions du public : *rie et crie très impressiante*

Le pronom relatif *dont*

5. Complétez ces phrases sur le Cirque du Soleil avec les pronoms relatifs *dont*, *qui*, *que* ou *qu'*.

1. Le Cirque du Soleil est une compagnie .... ma femme a vu toutes les productions.

2. Il y a des spectacles .... on peut encore voir, et d'autres .... ont disparu du répertoire de la troupe.

3. Les artistes .... y travaillent viennent du monde entier.

4. *Totem* est le seul spectacle .... j'ai vu à la télévision.

5. La mélodie de la chanson *Alegría* est un air .... me reste dans la tête et .... je me souviens parfaitement.

6. Le spectacle *Toruk* s'inspire d'un film .... on a beaucoup parlé, et .... mes enfants étaient fans : *Avatar*.

6. Lisez cette présentation d'artistes de scène très populaires dans le monde francophone. Transformez les phrases pour éviter les répétitions comme dans l'exemple.

◇ MURIEL ROBIN écrit des spectacles.
Elle est la seule comédienne de ces spectacles.

◇ JÉRÉMY FERRARI est excellent dans les one-man-show.
Il est l'auteur de ces one-man-show.

◇ MARC-ANTOINE LE BRET est imitateur.
Les imitations de cet imitateur sont très réussies.

◇ JEFF PANACLOC est ventriloque.
La marionnette de ce ventriloque s'appelle Jean-Marc, elle est très vulgaire.

◇ BLANCHE GARDIN est humoriste.
Le langage osé de cette humoriste choque parfois.

◇ FRED PELLERIN est conteur.
Les spectacles de Fred Pellerin sont souvent très poétiques.

◇ FABIEN OLICARD est mentaliste.
La particularité de ce mentaliste est de dévoiler au public les secrets de ses illusions.

— *Muriel Robin écrit des spectacles dont elle est la seule comédienne.*

7. Complétez ces titres d'articles, extraits de revues culturelles, avec le pronom adéquat : *qui*, *que*, *qu'*, *où*, *dont*.

• *Casalibus, la troupe de théâtre .... mélange danse et commedia dell'arte*

• Redécouvrez la pièce .... Henry de Montherlant a écrite en 1951 : *La ville .... le prince est un enfant.*

• *Le concert .... vous êtes l'auteur : un spectacle musical original .... le public propose des idées aux artistes.*

• *La Grande Magie,* le spectacle .... la Comédie-Française avait besoin ! Interprété par deux acteurs .... le public adore.

• *AK-47*, un spectacle .... le héros est un fusil.

• *Embouteillage et Confessions* : enfin un spectacle .... tout le monde avait envie !

• Le théâtre Zingaro de Bartabas : des spectacles .... les chevaux sont à l'honneur.

Le participe présent

8. Soulignez dans l'article suivant les participes présents et donnez l'infinitif des verbes.

KALABANTÉ   Archives

Une troupe de cirque africaine a présenté, à l'Olympia de Montréal, un spectacle faisant partie de la programmation de la 26ᵉ édition du Mois de l'histoire des Noirs en février 2015. Retour sur un superbe voyage au cœur des arts du cirque de Guinée.

La salle est dans le noir, soudain on entend trois coups, comme les trois coups de théâtre marquant le début du spectacle. Les artistes de la troupe apparaissent, jouant du doundoun. Les percussions rythment tout le spectacle *Afrique en cirque*, réunissant une dizaine d'artistes et mêlant cirque, danse, acrobaties et projections numériques. Le spectacle propose diverses scènes présentant différents aspects de la Guinée avec des visuels interactifs montrant des paysages guinéens. Les acrobates, venant tous de Guinée, ont suivi une formation dans une école de cirque près de Conakry. Ils enchaînent les acrobaties et construisent des pyramides humaines émerveillant le public. Un moment fort : le numéro aérien réalisé par Yamoussa Bangoura, directeur artistique, acrobate, musicien et fondateur de la compagnie Kalabanté. Enfin, une chanteuse (et griotte) racontant différentes histoires guinéennes complète ce magnifique spectacle. L'énergie des jeunes artistes se produisant devant le public est d'une grande intensité. On applaudit chaleureusement ce mariage entre les traditions guinéennes et les arts du cirque.

9. Lisez cette annonce d'emploi. Reformulez les expressions soulignées avec un verbe au participe présent.

OFFRES D'EMPLOI

Pour notre nouvelle production d'opéra, nous cherchons :

• DES CHORISTES qui ont de l'expérience et qui peuvent chanter en allemand.

• UN ASSISTANT METTEUR EN SCÈNE qui parle tchèque.

• UN CHORÉGRAPHE qui connaît le breakdance.

• UN PROJECTIONNISTE qui sait lire les partitions de musique.

• UN BARYTON qui fait de la musculation.

• UNE SOPRANO qui peut danser du hip hop.

Parler d'opéra

10. Écoutez cette conversation et remettez dans l'ordre les excuses de Jeanne pour ne pas aller à l'opéra.

🎧 30

◯ – C'est difficile à comprendre.

◯ – C'est un art pour les vieux.

◯ – Il n'y a pas d'action.

◯ – Les chanteurs sont ridicules.

◯ – La musique classique, ce n'est pas pour moi.

◯ – Ça coûte très cher.

Les positions et mouvements du corps

11. Réécrivez les phrases en remplaçant les mots soulignés par leur contraire, comme dans l'exemple.

• La soprano s'est <u>levée rapidement</u>.
— *La soprano s'est assise lentement.*
• Le ténor <u>est resté immobile</u> pendant son air.
• La musique <u>ralentit</u> à la fin de la symphonie.
• C'est très beau quand le chœur <u>recule</u> vers le public.
• Pendant la scène finale, les choristes <u>lèvent</u> les bras.
• Dans le duo, les chanteurs <u>s'éloignent</u> l'un de l'autre.
• Dès que la soprano <u>est sortie</u>, le public l'a applaudie.
• Après son récital, la diva <u>est montée</u> sur scène pour prendre un bouquet de roses.
• Le baryton a mal chanté, il avait honte et il voulait <u>se montrer</u>.

12. Lisez ce descriptif d'un festival de musique à Nantes, puis complétez-le à l'aide des mots en étiquettes.

debout	assis	couché

/MuziK/

Festival Muzik
Trois jours de découverte musicale

Vendredi : ....! Confortablement installés dans des fauteuils design, écoutez des sons nouveaux et découvrez des mélodies.

Samedi : ....! Dansez sur un mélange de musique électronique et de musique traditionnelle. On se lève tous et on bouge au rythme des notes !

Dimanche : ....! Abandonnez-vous totalement au rythme des percussions primitives ; allongez-vous, et partagez avec nous un doux moment de rêverie...

13. Écoutez cet entretien et cochez les affirmations correctes.

🎧 31

1. Le plus beau souvenir de théâtre de Pierre est un festival
☐ amateur ☐ professionnel.

2. Dans ce festival, le corps est ☐ aussi important
☐ moins important que le texte.

3. Pierre a aimé la créativité des troupes pour
☐ les costumes ☐ les décors.

4. Pierre s'amuse du manque d'énergie des jeunes
☐ à l'hôtel ☐ sur scène.

14. Décrivez cette photo d'une scène de la pièce *La Révolte des clowns* de Guillaume Moraine.

15. Imaginez et rédigez un court texte sur ce qui pourrait se passer sur scène en utilisant les mots en étiquettes.

tomber	se pencher	se battre

bouger	se cacher	se lever

Le théâtre et le cinéma

16. Complétez la présentation du film *La Cage aux folles* à l'aide des mots en étiquettes.

hall	*night club*	*room*	*star*	*actor*
entrées	cabaret	pièce	star	acteur

success	*remake*	*adaptation*	
succès	remakes	adaptation	records

LA CAGE AUX FOLLES

CRÉATION DE LA .... : 1973, par Jean Poiret

SORTIE DU FILM : 1978, réalisé par Edouard Molinaro

L'HISTOIRE : Albin et Georges sont les propriétaires d'un .... de travestis où Albin (dont le nom de scène est Zaza Napoli) est une vraie .... Georges reçoit la visite de Laurent, son fils qu'il avait eu avant de rencontrer Albin, qui lui annonce son mariage. Les problèmes commencent, car les parents de la fiancée sont extrêmement conservateurs. Albin pourra-t-il faire semblant d'être « normal » ?

POURQUOI C'EST CULTE ? Le film cartonne dès sa sortie en salle et bat tous les .... du cinéma français : 4,5 milliards d' .... en France. Michel Serrault (dans le rôle d'Albin) s'impose comme un grand acteur du cinéma français. Au fil des ans, malgré les polémiques, le film fait l'objet de .... , de nouvelles versions théâtrales en France et à l'étranger, et une .... en comédie musicale.

RÉCOMPENSES : césar du meilleur .... pour Michel Serrault. Trois nominations aux oscars. C'est le film français qui a eu le plus de .... aux États-Unis.

17. Écoutez ces témoignages sur des films français. Expriment-ils une opinion positive ou négative ? La personne interrogée fait-elle une analyse ou exprime-t-elle un sentiment ?

1. Bienvenue chez les Ch'tis : ....
2. Embrassez qui vous voudrez : ....
3. La Cité de la peur : ....
4. Épouse-moi mon pote : ....
5. Camping : ....
6. Gazon maudit : ....

18. Lisez l'article suivant, puis associez un paragraphe à chaque explication du succès du film :

a. les raisons commerciales
b. les raisons cinématographiques
c. les raisons sociales
d. les raisons culturelles

ANALYSE D'UN SUCCÈS POPULAIRE

La comédie familiale *Qu'est-ce qu'on a fait au bon Dieu ?* a passé le cap symbolique des dix millions d'entrées en France. Le film est devenu un phénomène de société, et on peut déjà lui prédire une entrée dans le top 10 des comédies culte. L'histoire est simple : les quatre filles d'une famille bourgeoise conservatrice, et un peu raciste, se marient avec quatre garçons d'origines différentes : chinoises, arabes, juives et ivoiriennes... Analyse des raisons de ce triomphe.

1 C'est un film réussi et bien écrit, car il n'était pas facile de rendre presque réaliste une situation aussi invraisemblable que celle de la famille Verneuil. Cette histoire, un peu exagérée, est mise en scène avec fantaisie et profondeur. La direction d'acteurs est, elle aussi, impeccable. Bien écrit, bien réalisé, bien interprété : les trois conditions essentielles à la réussite populaire d'une comédie sont remplies. Le film est plein de scènes à mourir de rire, et les dialogues sont riches de répliques culte.

2 Il fait rire mais aussi parler, réfléchir et débattre. Comme toutes les bonnes comédies, le film porte un message – léger dans la forme, sérieux dans le fond. Il parle de racisme, d'ouverture à l'autre, de la société française.

3 Sa sortie en salles a été préparée avec stratégie. Le distributeur a multiplié les projections tests durant l'hiver et a organisé une tournée en France avec les acteurs (plus de 70 villes) avant sa sortie nationale pour faire connaître le film. De plus, le casting est composé de trois générations d'acteurs populaires pour chacun des âges d'une famille.

4 Les comédies françaises ont du succès en général, les Français aiment rire au cinéma, et le film a bénéficié de ce goût pour la comédie familiale et populaire. Les gens ont envie de s'amuser au cinéma, parce que la vie n'est pas drôle tous les jours, ils veulent rire, et oublier leurs problèmes.
La suite de cette saga familiale sortie en 2019 va-t-elle connaître le même succès ?

Exprimer l'antériorité

19. Lisez cet article sur le réalisateur Michel Blanc et conjuguez les verbes entre parenthèses au temps qui convient : passé composé ou plus-que-parfait.

Michel Blanc et ses actrices, seize ans après

Seize ans après son film *Embrassez qui vous voudrez* (réalisé en 2002), le réalisateur **Michel Blanc** .... (réunir) un casting de stars pour la suite intitulée *Voyez comme on danse*. Il y a retrouvé les actrices qu'il .... (diriger) dans son précédent film : Karin Viard, Charlotte Rampling et Carole Bouquet. Dans ce deuxième film, elles .... (reprendre) les personnages qu'elles .... (jouer) en 2002. C'est le cinquième film de Michel Blanc, un long-métrage plein d'humour aux répliques très bien écrites ; c'est aussi sa troisième collaboration avec l'actrice Carole Bouquet, avec qui il .... (tourner) dans *Grosse Fatigue* en 1994, un film auquel le jury du Festival de Cannes .... (attribuer) le Prix du meilleur scénario.

20. Lisez la filmographie de Catherine Frot, puis complétez les phrases avec les verbes entre parenthèses conjugués au temps qui convient.

CATHERINE FROT

FILMOGRAPHIE

1995 Elle obtient le molière de la comédienne dans un second rôle pour la pièce *Un air de famille*.

1997 Elle obtient le césar de la meilleure actrice dans un second rôle pour le film *Un air de famille* de Cédric Klapisch.

1998 Elle joue dans *Le Dîner de cons* de Francis Veber.

2005 Elle joue le rôle de Prudence Beresford dans le film *Mon petit doigt m'a dit* de Pascal Thomas.

2008 Elle joue de nouveau le rôle de Prudence Beresford dans *Le crime est notre affaire* de Pascal Thomas.

2016 Elle obtient le césar de la meilleure actrice pour le film *Marguerite* de Xavier Giannoli, et le molière de la comédienne pour la pièce *Fleur de cactus*.

- Quand Catherine Frot a joué Yolande dans le film *Un air de famille*, elle .... (obtenir) un molière pour le même rôle dans la pièce de théâtre.
- Quand Catherine Frot a tourné dans *Le crime est notre affaire*, elle .... (jouer) le rôle de Prudence.
- Quand Catherine Frot a obtenu le césar de la meilleure actrice en 2016, elle .... (remporter) un césar dix ans plus tôt.

21. Transformez les trois phrases de l'exercice précédent en utilisant l'expression *avant de* + verbe.

Exprimer la postériorité et la simultanéité

22. Reformulez les phrases suivantes comme dans l'exemple en utilisant la structure *après* + infinitif passé.

1. Elle a joué le rôle de Yolande au théâtre, puis elle l'a joué au cinéma.
— *Après avoir joué le rôle de Yolande au théâtre, elle l'a joué au cinéma.*

2. Paul est allé au théâtre, puis il a décidé de devenir acteur.

....

3. Yasmine a vu le film *Potiche*, ensuite elle a décidé de devenir chef d'entreprise.

....

4. Gérard et Toinette se sont séparés. Ensuite, ils ont compris qu'ils s'aimaient.

....

5. Ils sont partis en voyage de noces en Corse, et ils ont commencé à se disputer.

....

6. Ils se sont réconciliés, avant ils avaient vu une pièce très romantique.

....

23. Écoutez le reportage et dites si les affirmations sont vraies au fausses. 🎧 33

1. Le duo Laroque et Palmade a joué *Ils s'aiment* en Belgique et en Suisse avant de le jouer en France. V / F

2. Cinq ans après le succès du spectacle *Ils s'aiment*, le duo a proposé une suite. V / F

3. Le duo a présenté un troisième spectacle avant la vente des DVD. V / F

4. Après les deux premiers spectacles, les dialogues du duo sont devenus des classiques. V / F

5. Le spectacle *Ils se re-aiment* mélange des scènes des deux spectacles précédents. V / F

6. En 2016, après avoir joué avec Pierre Palmade, Michèle Laroque joue la pièce uniquement avec Muriel Robin. V / F

24. Qu'exprime le gérondif dans ces phrases ? La manière (comment), la simultanéité ou le temps (quand) ?

• En entrant à la Comédie-Française, il a commencé à être connu.

....

• Elle joue en Italie en continuant une carrière en France.

....

• Il a gagné un prix en perdant 10 kg pour le rôle.

....

• Son personnage doit parler en dansant des claquettes.

....

• Elle a appris le russe en écoutant en boucle les dialogues de son personnage.

....

• Il est devenu célèbre en jouant dans des téléfilms.

....

• Il est tombé en entrant sur scène.

....

25. Écoutez cette chronique à la radio, puis répondez par vrai ou faux aux affirmations suivantes. 🎧 34

1. La Comédie-Française va diffuser des spectacles sans public sur une chaîne de télévision privée. V / F

2. Le partenariat entre la Comédie-Française et France Télévisions rend heureux ceux qui n'habitent pas à Paris. V / F

3. C'est la première fois qu'on diffuse du théâtre à la télévision en France. V / F

4. D'après Léa Mariani, le plan large permet de respecter le point de vue du téléspectateur. V / F

5. Quand un opéra est diffusé en direct au cinéma, il y a des gros plans sur les visages des chanteurs. V / F

6. Léa Mariani trouve le mélange de spectacle vivant et de film assez amusant. V / F

26. Complétez la biographie de Laurent Lafitte à l'aide des mots en étiquettes.

après	plus tard	à la fois (x 2)

même année	tout en étant

Laurent Lafitte

Après s'être formé au Conservatoire national supérieur d'art dramatique à Paris, Laurent Lafitte part en Angleterre se perfectionner en chant et en danse. En 2009, Zabou Breitman le met en scène dans *Des gens*. Ils se retrouvent cinq ans .... pour *À votre écoute, coûte que coûte*, une émission de radio satirique. La ...., il entre à la Comédie-Française et interprète un large répertoire. Il joue .... Feydeau et Shakespeare. À l'écran, ... avoir participé à quelques séries télévisées, Laurent Lafitte fait surtout du cinéma. Il joue dans des drames romantiques, ... excellent dans des comédies populaires. En 2017 et 2018, il est nommé aux césars pour ses rôles dans *Elle* de Paul Verhoeven et *Au revoir là-haut* d'Albert Dupontel. 2018 est une année riche pour l'acteur : il tourne des films au théâtre le soir. En 2019, le film *L'Heure de la sortie* lui pemet de jouer un personnage .... très fort physiquement et très fragile psychologiquement.

PROSODIE - Les syllables allongées

27. Écoutez le dialogue suivant, soulignez les syllabes allongées et barrez ce qui ne se prononce pas.
🎧 35

> – Ça fait longtemps que je ne vais pas au théâtre. Qu'est-ce qu'il y a de bien en ce moment?
> – Au théâtre, je ne sais pas. Mais il y a un festival de contes à Chiny. Ça te dirait d'y aller ce week-end?
> – Je ne sais pas, je n'aime pas beaucoup les contes.
> – Il y a aussi le festival mondial de Folklore à Namur. Ça doit être intéressant.
> – Tiens! Ça oui, ça me dirait d'y aller. J'adore les danses folkloriques. On pourrait partir vendredi?
> – Oui, vendredi vers 17 heures, ça te va?
> – D'accord, on se voit à la gare à 5 heures. À vendredi.

➕ L'accent tonique (syllabe allongée)

En français, il n'y a pas d'accent tonique (syllabe allongée) à tous les mots, mais à la fin d'une série de mots. Ces groupes de mots, qui se terminent par une syllabe allongée, peuvent se composer d'un, deux, trois (ou plus) de mots.
Ex: *Qu'est-ce qu'il y a de bien...*
Selon le registre, il y a des éléments qu'on peut ne pas prononcer (une syllabe de plus ou de moins).

28. À deux, jouez le dialogue en faisant attention à bien prononcer les syllabes allongées et à ne pas prononcer ce qui ne se prononce pas.

29. Écoutez le document suivant et soulignez les syllabes allongées. Séparez les groupes rythmiques par des barres /.
🎧 36

Passion Lyrique

L'opéra est né en Italie, à Florence, au XVIIe siècle. Il existait déjà une longue tradition de chant en Italie: les madrigaux, qui sont des dialogues chantés, mais sans les jeux de scène; ainsi que les spectacles de cours de l'époque de la Renaissance. On considère que le premier grand compositeur d'opéra est Claudio Monteverdi. Ce nouveau genre musicale se répand dans toute l'Italie et, peu à peu, dans toute l'Europe, d'abord en Allemagne sous l'influence de compositeurs allemands ayant passé du temps en Italie, puis dans d'autres pays, à l'exception de la France, où l'opéra arrive un peu plus tard.

30. Relisez le document à voix haute en faisant attention de respecter les groupes rythmiques.

PROSODIE - L'intonation montante et descendante

31. Écoutez les phrases suivantes et mettez en dessous de chaque groupe rythmique une flèche qui indique si la voix monte ⤴ ou si elle descend ⤵.
🎧 37

- La semaine prochaine, nous irons à un spectacle de cirque.

- Mes amis et moi aimons beaucoup aller au cinéma ensemble.

- Ce nouveau festival est consacré à la danse.

- L'art vivant est présent dans les rues de la ville.

- Dans toutes les grandes villes du monde, il y a régulièrement des festivals de musique.

- Les spectacles de marionnettes sont appréciés par tous les enfants.

- Le Cirque du Soleil est une troupe de cirque connue dans le monde entier.

- Beaucoup de gens n'aiment pas l'opéra.

32. Complétez avec «monte» et «descend».

➕ L'intonation montante et descendante

En français, les groupes rythmiques au début et au milieu de la phrase déclarative .... Le dernier groupe rythmique de la phrase déclarative .... C'est la mélodie normale du français.

33. Répétez les phrases de l'activité 31 en faisant attention de reproduire la mélodie.

PHONÉTIQUE - Les voyelles nasales [ɑ̃] - [ɔ̃]

34. Écoutez et cochez si vous entendez la préposition «dans» ou le pronom «dont».
🎧 38

	Dans [ɑ̃]	Dont [ɔ̃]
1.		
2.		
3.		
4.		
5.		
6.		
7.		
8.		

35. Écoutez et cochez si vous entendez le son [ɑ̃] ou le son [ɔ̃].

🎧
39

	[ɑ̃]	[ɔ̃]
1.		
2.		
3.		
4.		
5.		
6.		
7.		
8.		

36. Lisez et répétez ce virelangue.

Mon tonton ponce et ponce, ma tante danse et danse, mon chat ronronne, il a la panse bien ronde !

Autoévaluation

Mes compétences à la fin de l'unité 4

Je suis capable de / d'...	J'ai encore des difficultés à...	Je ne suis pas encore capable de / d'...	
			parler des arts de la scène.
			caractériser des gens, choses et actions.
			donner un avis sur un spectacle.
			parler de cinéma et théâtre.
			résumer l'intrigue d'une pièce, d'un film.
			parler d'événements successifs ou simultanés.

Mon bagage sur cette unité

1. Qu'est-ce que vous avez appris sur la culture française et francophone ?

_____
_____
_____

2. Qu'est-ce qui vous a le plus intéressé et / ou étonné ?

_____
_____
_____

3. Qu'est-ce qui est différent par rapport à votre culture ? Et qu'est-ce qui est similaire ?

_____
_____
_____

4. Vous aimeriez en savoir plus sur...

_____
_____
_____

Le monde 2.0

Les applications

1. Écoutez la chronique de madame Geek sur ses applis préférées, puis complétez le tableau.

🎧 40

	Domaine	Utilité	Avantages
Witick	*transport*		
Muzing			
WeWard			
Hello goodbail			

2. Écoutez la chronique *Afrique Économie* de RFI, puis répondez aux questions.

🎧 41

1. Comment se déplacent les gens à Lomé, la capitale du Togo?

....

2. Qu'est-ce que Michel dit sur ce moyen de transport? Cochez la bonne réponse.
☐ Je trouve que c'est dangereux.
☐ Je déteste parler et me fâcher avec le conducteur.
☐ Je perds trop de temps à négocier.

3. Que propose l'application GoZem?

....

4. Quel est le principal avantage de l'application selon Michel?

....

5. Pourquoi l'appli GoZem rassure-t-elle les utilisateurs? Citez deux raisons.

....

Exprimer la concession

3. Complétez ces phrases sur le monde 2.0 à l'aide des mots en étiquettes.

malgré   bien que/qu' (x 2)   néanmoins

pourtant   quand même   même si

1. .... les jeunes Français sont nés avec Internet, certains ne savent pas utiliser les outils numériques.

2. En général, les salariés français finissent le travail entre 18h et 19h. ...., ils continuent à répondre à des mails professionnels après les heures de travail.

3. Les selfies sont une expression de narcissisme. ...., ils sont aussi créatifs et conviviaux.

4. Lancer des actions sur Twitter mobilise beaucoup de citoyens. Mais, il faut .... aller manifester dans la rue pour changer vraiment les choses!

5. .... il y ait de nombreuses vidéos intéressantes sur les plateformes vidéo, les parents doivent surveiller leurs enfants.

6. .... les problèmes de sécurité de paiement sur Internet, les Français sont de plus en plus nombreux à acheter sur des sites de e-commerce.

7. .... de nouvelles applis sortent tous les jours, Facebook et Instagram restent les plus populaires dans le monde.

4. «Nous passons trop de temps sur nos écrans. Nous sommes tous accros à Internet.» Écrivez un commentaire de quelques lignes pour nuancer cette affirmation. Utilisez un maximum d'expressions de la concession.

— *C'est vrai, néanmoins...*

....

....

....

....

....

5. Écoutez les quatre conversations. De quoi parlent les personnes? Écrivez leur sujet de conversation. Puis, pour chaque discussion, cochez si le désaccord entre les personnes est faible ou fort.

🎧 42

	Sujet de conversation	Désaccord faible	Désaccord fort
1.			
2.			
3.			
4.			

6. Réécoutez et complétez le tableau suivant avec les arguments de chaque personne pour chaque conversation.

	Arguments pour	Arguments contre
1.		
2.		
3.		
4.		

Les selfies

7. Observez ces quatre selfies, puis imaginez et rédigez un court texte pour raconter dans quel contexte les personnes les ont faits: où, quand, avec qui, à quelle occasion, comment et pour quoi faire?

8. Écoutez cette chronique sur le Musée du selfie, puis
numérotez de 1 à 7 les thèmes dont le journaliste parle.
43

- Le selfie, outil marketing : ....
- Le selfie, plus qu'un phénomène de mode : ....
- La destruction d'une œuvre dans un musée pour un selfie : ...
- Une étude sur le nombre de morts pour un selfie : ....
- L'interdiction des perches à selfies dans certains musées
  pour des raisons de sécurité : ....
- Le selfie, danger pour les animaux : ....
- L'ouverture d'un musée consacré aux selfies : ....

9. Réécoutez puis répondez aux questions.

a. Cochez la bonne réponse. Le Musée du selfie...
  ☐ propose des expositions de selfies.
  ☐ apprend à faire des selfies.
  ☐ permet de réflechir à ce phénomène.

b. Quel monument arrive en tête des selfies dans le monde ?
....

c. Combien de personnes sont mortes pour avoir fait un selfie ?
....

d. Que sont les sièges à selfies installés en Irlande ?
....

Les pronoms indéfinis

10. Lisez cet article qui donnent des conseils aux enfants pour
utiliser Internet. Entourez le pronom indéfini qui convient.

**Règles d'or pour une utilisation
responsable d'Internet.**
Chacune / Aucune est à respecter.

Vie privée : sur Internet, *rien /
aucun* n'est privé. Attention aux
informations que tu donnes.
Toutes / Plusieurs circulent très vite.
Amis : il y a beaucoup d'inconnus sur les réseaux
sociaux. *Aucun / Chacun* n'est ton ami.
Adresses e-mail : tu dois en avoir *certaines / plusieurs*.
Commentaires : *tout le monde / quelqu'un* peut voir ce
que tu mets en ligne. Réfléchis avant de publier.
Aide : *quelque chose / chacun* te dérange sur Internet ?
Déconnecte-toi et préviens un adulte de confiance.
Virus : n'ouvre pas les fichiers sans connaître les
contenus. *Quelques-uns / Les autres* peuvent avoir des
virus dangereux pour ton ordinateur.
Mot de passe : garde ton mot de passe secret.
Personne / Aucun ne doit le connaître.
Esprit critique : ne crois pas à tous les commentaires
sur les réseaux sociaux. *Certains / Tous* sont faux.
D'autres / Aucun ne sont pas adaptés aux enfants.

11. Lisez cet article de journal au sujet de la *digital detox*.
Complétez-le avec les pronoms indéfinis en étiquettes.

certains	d'autres	toutes	aucun

personne	quelques-unes	certaines

plusieurs	tout	rien	tous	chacun

L'addiction au numérique et les *digital detox*

Avec l'hyperconnexion des Français, les cures de *digital
detox* («désintoxication numérique», en français) se
développent. .... est bon pour faire de l'argent !

La tendance digital detox est arrivée
en France il y a quelques années. Des
hôtels où .... n'est prévu pour se
connecter proposent .... offres
pour décrocher du virtuel. ....
offrent des activités sportives, allant du
vélo au saut à l'élastique. ....
invitent simplement à la détente.

Les hôtels de luxe digital detox ciblent .... une
clientèle stressée avec à peu près le même message :
déconnectez-vous quelques jours pour préserver votre
santé. Dans ces hôtels, ... ne peut séjourner
avec son équipement numérique, ... n'est
autorisé, sans exception. Les clients ont un vaste choix
de digital detox. .... choisit sa formule, avec
ou sans coach, en fonction de ses moyens. Autre
particularité : les chambres n'ont pas de télévision. À la
place, ... disposent d'une minichaîne avec une
playlist zen pour bien dormir. Les maisons d'hôtes se
mettent aussi au digital detox : .... proposent
des activités pour renouer avec la nature. ....
prévoient même des entretiens d'évaluation pour un
accompagnement plus personnalisé.

Alors, la digital detox, business ou réponse à un réel
besoin de déconnexion ?

Les mots 2:0

12. Associez les mots anglais à leurs équivalents en français.
Faites des recherches si nécessaire.

1. hashtag		**a.** classer, catégoriser
2. playlist		**b.** aimer
3. poster		**c.** faire glisser
4. un post		**d.** parler en vidéo
5. liker		**e.** un mot-dièse
6. un/e follower		**f.** un/e abonné/e
7. swiper		**g.** la Toile
8. un selfie		**h.** une publication
9. taguer		**i.** naviguer
10. un smartphone		**j.** une autophoto
11. vidéotchatter		**l.** publier
12. le Web		**m.** une liste de musique
13. surfer		**n.** un courriel
14. un e-mail		**o.** un téléphone intelligent

13. Observez les icônes, puis écrivez les verbes d'Internet qui leur correspondent.

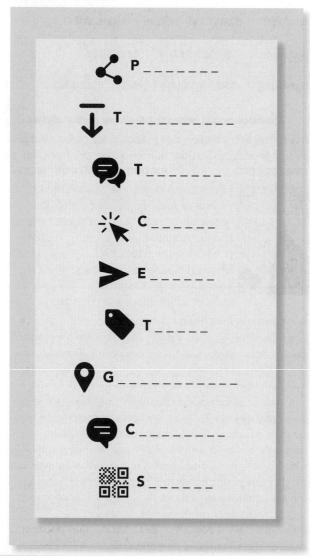

P _ _ _ _ _ _ _

T _ _ _ _ _ _ _ _ _

T _ _ _ _ _ _ _

C _ _ _ _ _ _

E _ _ _ _ _ _

T _ _ _ _ _

G _ _ _ _ _ _ _ _ _ _

C _ _ _ _ _ _ _ _

S _ _ _ _ _ _

Exprimer le but

14. Écoutez la chronique sur la mode des *escape games* dans le tourisme. Écrivez l'objectif de chaque ville ou site.

🎧 44

- Le château de Blois : ....
- Le Musée national du sport de Nice : ....
- Les villes de Montpellier et Toulouse : ....
- Le parc zoologique de Paris : ....
- Les Invalides à Paris : ....

15. Que faites-vous sur Internet et les réseaux sociaux ? Complétez les débuts de phrase à l'aide des expressions en étiquettes.

afin de / d'   afin que   pour   pour que

1. J'utilise Twitter ....

2. J'utilise Skype ....

3. J'utilise Instagram ....

4. Je me connecte sur les sites des services publics ....

5. J'utilise l'appli WhatsApp ....

6. Je regarde des tutos sur les plateformes vidéo ....

Exprimer la surprise

16. Écoutez et écrivez dans quelle phrase vous entendez ces expressions. Il y a parfois deux expressions par phrase.

🎧 45

- Ça m'étonne que... : ....
- Je suis surpris que... : ....
- C'est fou ! : ....
- Waouh ! : ....
- C'est incroyable, non ? : ....
- T'es sérieux ?! : ....
- J'en reviens pas que... : ....
- C'est pas vrai ?! : ....
- Quoi ? : ....

17. Écrivez la raison de l'étonnement de chaque personne de l'activité précédente.

1. ....
2. ....
3. ....
4. ....
5. ....
6. ....

Exprimer une opinion

18. Réagissez aux informations suivantes en écrivant un tweet à l'aide des expressions en étiquettes. Conjuguez les verbes au subjonctif présent ou passé.

C'est surprenant que   C'est étonnant que

Je suis surpris/e que   Je suis étonné/e que

Ça me surprend que   Ça m'étonne que

- On a découvert des êtres vivants sur Mars.

- Un chien prend soin d'un petit chaton.

- Un enfant apprend à lire grâce à un tuto YouTube.

- Une personne est morte en prenant un selfie dans un zoo.

- Des citoyennes ont défendu les droits des femmes en manifestant nues dans la rue.

- Facebook a censuré une publicité contre le cancer du sein.

19. Écrivez un post de trois phrases pour inciter les gens à devenir bénévole dans une association de lutte contre l'illectronisme. Utilisez les expressions en étiquettes.

vous trouvez ça… ça vous rend… c'est… que

Vous trouvez ça scandaleux que des gens ne sachent pas se débrouiller sur Internet ?

....
....
....
....
....

20. Lisez cet article sur le hashtag #LesProfsDeMaVie. Conjuguez les verbes entre parenthèses au subjonctif présent ou passé.

#LesProfsDeMaVie
Le hashtag qui rend hommage aux profs

On a tous eu un/e prof qui nous a marqué/e, qui a piqué notre curiosité ou qui nous a donné confiance. Le hashtag **#LesProfsDeMaVie** leur rend hommage ces jours-ci. Florilège.

Moi, je trouve ça idiot que les profs d'anglais .... (faire) réciter les règles de grammaire par cœur, ça sert à rien ! Par contre, c'est important que les élèvent .... (pouvoir) communiquer avec des anglophones. Moi, au lycée, j'ai eu de la chance, notre prof, madame Langlois, enseignait de manière hyper interactive. Je suis devenu prof d'anglais grâce à elle ! Aujourd'hui, ça me rend fier que mes élèves .... (apprendre) en s'amusant !
Titi, 32 ans

Monsieur M., c'était notre prof de philosophie, on l'adorait. Un jour, il n'est plus venu en classe. On a appris qu'il avait le sida. On a trouvé scandaleux que le rectorat lui .... (interdire) d'enseigner à cause de sa maladie. On a boycotté les cours et il a pu revenir !
Nabih, 45 ans

En 5e, j'écrivais mes «petits romans» en cours de français. Monsieur Semal m'a surprise. Alors, il a pris mon manuscrit et m'a demandé d'écrire la suite chaque mois. Ça le rendait heureux que j'..................... (écrire) un roman. Je trouve ça incroyable que ce prof m'..................... (encourager).
Adeline, 37 ans

Monsieur Goupil, notre prof d'histoire. On trouvait ça fou qu'il .... (venir) en cours déguisé de la tête aux pieds. Il imitait ainsi les grands personnages de l'histoire : de Napoléon à Obama ! On mémorisait super bien. C'est rare qu'un prof .... (être) si imaginatif ! Quand je pense à une date ou à un événement historique, je revois M. Goupil et ses déguisements !
Marcel Mouton, 24 ans

21. À votre tour, rédigez un court texte pour parler du/de la prof de votre vie. Utilisez au moins deux expressions de l'opinion suivies du subjonctif.

....
....
....
....
....
....
....
....

22. Lisez ces cinq tweets. À votre avis, qu'expriment les internautes ? La joie, la surprise, la fierté ou la colère ? Associez chaque tweet à une émotion, puis écrivez la dernière phrase, comme dans l'exemple.

 Claude Terrail
@claudeterrail Suivre

Je suis prof dans un lycée. Il y a quelques jours, un élève m'a insulté. Je suis allé voir le directeur qui m'a dit : se faire insulter, ce n'est pas si grave. Vous êtes trop sensible. Sensible ? Pas grave ? Il se moque de moi ! Je suis très énervé…

#pasdevagues

12:20 - 15/06/2019

126

• **Émotion :** *la colère*
— *Ça le rend furieux que le directeur n'ait pas réagi et ne l'ait pas soutenu.*

 Elisabeth Bruno
@elibruno Suivre

Au lycée, les profs ont dit à ma fille : « tu as de mauvaises notes, tu ne feras pas d'études. » Aujourd'hui, elle est ingénieure en aérospatial et elle fait un doctorat en physique.

#nerestepasataplace

08:30 - 03/07/2019

72

• **Émotion :** ....
— ....

 Marion Benji
@marionbenji Suivre

Il y a des rats dans les hôpitaux, on manque de médicaments, il y a des problèmes d'électricité et d'eau. Les patients sont en danger ! Il faut réagir !

#balancetonhopital

12:54 - 24/05/2019

317

• **Émotion :** ....
— ....

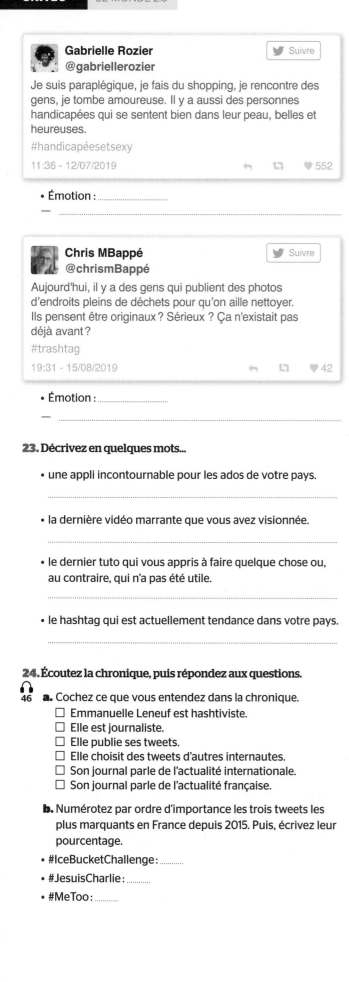

Gabrielle Rozier
@gabriellerozier
🐦 Suivre

Je suis paraplégique, je fais du shopping, je rencontre des gens, je tombe amoureuse. Il y a aussi des personnes handicapées qui se sentent bien dans leur peau, belles et heureuses.
#handicapéesetsexy
11:36 - 12/07/2019   ↩ ⟲ ♥ 552

• Émotion : ....
— ....

Chris MBappé
@chrismBappé
🐦 Suivre

Aujourd'hui, il y a des gens qui publient des photos d'endroits pleins de déchets pour qu'on aille nettoyer. Ils pensent être originaux ? Sérieux ? Ça n'existait pas déjà avant ?
#trashtag
19:31 - 15/08/2019   ↩ ⟲ ♥ 42

• Émotion : ....
— ....

23. Décrivez en quelques mots...

• une appli incontournable pour les ados de votre pays.

....

• la dernière vidéo marrante que vous avez visionnée.

....

• le dernier tuto qui vous appris à faire quelque chose ou, au contraire, qui n'a pas été utile.

....

• le hashtag qui est actuellement tendance dans votre pays.

....

24. Écoutez la chronique, puis répondez aux questions.

🎧 46 **a.** Cochez ce que vous entendez dans la chronique.
☐ Emmanuelle Leneuf est hashtiviste.
☐ Elle est journaliste.
☐ Elle publie ses tweets.
☐ Elle choisit des tweets d'autres internautes.
☐ Son journal parle de l'actualité internationale.
☐ Son journal parle de l'actualité française.

b. Numérotez par ordre d'importance les trois tweets les plus marquants en France depuis 2015. Puis, écrivez leur pourcentage.
• #IceBucketChallenge : ....
• #JesuisCharlie : ....
• #MeToo : ....

c. Reliez chaque hashtag à son objectif.

#IceBucketChallenge ○   ○ afin de lancer un appel à l'aide

#JesuisCharlie ○   ○ pour dénoncer un problème social très grave

#MeToo ○   ○ pour exprimer la solidarité des citoyens auprès des victimes

d. Quel est le profil des utilisateurs français de Twitter ? Citez trois mots pour les définir.

• ....
• ....
• ....

L'engagement citoyen

25. Associez chaque verbe à son complément pour former des expressions.

défendre •   • la colère
dénoncer •   • un appel à l'aide
organiser •   • une manifestation
développer •   • une cause et/ou des droits
mobiliser •   • les citoyens
exprimer •   • un problème
lancer •   • la solidarité

26. Choisissez quatre expressions de l'activité précédente, puis écrivez quatre phrases sur l'engagement citoyen dans votre pays, comme dans l'exemple.

— *Dans mon pays, il y a rarement des grèves. Les salariés défendent leurs droits en négociant toute l'année.*

1. ....
2. ....
3. ....
4. ....

27. Écoutez la chronique *Aujourd'hui l'économie* de RFI, puis répondez aux questions.

🎧 47 **a.** Quel est le problème évoqué par la chronique concernant Internet en Afrique ?

b. Quel est le pays champion de ce problème ?

c. D'après la journaliste, quelles sont les raisons qui expliquent ce problème ? Cochez les bonnes réponses.
☐ Les coupures d'électricité.
☐ Un réseau électrique sous-développé.
☐ Les difficultés géographiques pour accéder à certains pays.
☐ Le manque d'investissement des États.
☐ Le manque de choix d'opérateurs mobiles.

PROSODIE - Les groupes rythmiques et l'intonation

28. Écoutez cet extrait de la chronique de madame Geek. Séparez les groupes rythmiques à l'aide de barres / et écrivez si la syllabe accentuée monte ↗ ou descend ↘.
48

> Oui, bonjour. Aujourd'hui, je vais vous présenter mes quatre applis préférées du moment. Pour commencer, j'ai choisi Witick, une appli qui permet d'acheter et de valider des titres de transports en commun (bus ou tram), directement avec votre smartphone. C'est simple et rapide, vous créez un compte pour accéder à la boutique, vous achetez un ticket en quelques clics. Une fois dans le bus ou le tramway, vous posez votre smartphone sur une borne pour valider votre ticket. Gros avantage : cette appli est compatible avec toutes les marques de smartphone. La ville de Bordeaux a déjà adopté le système !

29. Relisez le document à voix haute en faisant bien attention à reproduire les groupes rythmiques et la mélodie.

30. Écoutez les phrases et marquez les groupes rythmiques et la mélodie de chacune.
49

1. Internet est un excellent outil de communication.

2. La majorité des Français utilise Internet pour faire des achats.

3. Un nombre croissant de lycéens étudient en regardant des vidéos sur YouTube.

4. Les réseaux sociaux sont utilisés pour rendre visibles des causes humanitaires.

5. De plus en plus de Français organisent leurs voyages à travers des sites Internet.

6. Beaucoup de professeurs utilisent des blogs comme outils pédagogiques.

7. Le selfie est une forme d'expression sociale.

8. Il y a des sites pour aider ceux qui souffrent d'illectronisme.

31. À deux, trouvez des phrases qui ont le même nombre de syllabes par groupes rythmiques, et la même mélodie.

1. ....

2. ....

3. ....

4. ....

5. ....

6. ....

7. ....

8. ....

PHONÉTIQUE - Le son [ɛ̃]

32. Écoutez et cochez si vous entendez le son [ɛ̃], comme dans *main*.
50

	J'entends le son [ɛ̃]	Je n'entends pas le son [ɛ̃]
1.		
2.		
3.		
4.		
5.		
6.		
7.		
8.		

PHONIE-GRAPHIE - Le son [ɛ̃]

33. Complétez l'encadré.

> ➕ **La graphie du son [ɛ̃]**
> Le son [ɛ̃] peut s'écrire : ...., ..., ..., **in**, **yn**, **im**.

34. Écrivez des exemples de mots qui contiennent le son [ɛ̃], puis formez des phrases avec ces mots.

1. ....

2. ....

3. ....

4. ....

5. ....

6. ....

35. Écoutez et cochez si vous entendez le son [ɛ̃], comme dans *main* ou le son [ɑ̃], comme dans *lent*.
51

	J'entends le son [ɛ̃]	J'entends le son [ɑ̃]
1.		
2.		
3.		
4.		
5.		
6.		
7.		
8.		

36. Associez chaque image à un son.

le son [ɑ̃]   le son [ɛ̃]   le son [ɔ̃]

Son ....

Son ....

Son ....

Son ....

Son ....

Son ....

Son ....

Son ....

Son ....

Autoévaluation

Mes compétences à la fin de l'unité 5

Je suis capable de / d'...	J'ai encore des difficultés à...	Je ne suis pas encore capable de / d'...	
			décrire une application, son fonctionnement.
			parler de l'inégalité face au numérique.
			nuancer des propos.
			analyser la mode des selfies.
			parler des usages d'Internet
			parler de l'apprentissage sur YouTube
			exprimer l'étonnement.
			parler d'engagement 2.0.

Mon bagage sur cette unité

1. Qu'est-ce que vous avez appris sur la culture française et francophone ?

....

....

....

2. Qu'est-ce qui vous a le plus intéressé et / ou étonné ?

....

....

....

3. Qu'est-ce qui est différent par rapport à votre culture ? Et qu'est-ce qui est similaire ?

....

....

....

4. Vous aimeriez en savoir plus sur...

....

....

....

À consommer avec modération

Les médias et l'actualité

1. Complétez cette infographie sur l'information à l'aide des verbes en étiquettes et conjuguez-les.

diffuser fournir adapter inventer

manipuler douter de recevoir croire

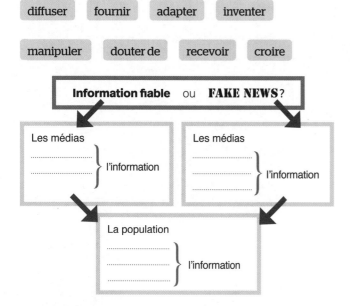

Information fiable ou **FAKE NEWS** ?

Les médias
....
.... } l'information

Les médias
....
.... } l'information

La population
....
....
.... } l'information

2. Écoutez ces cinq conversations, laquelle parle d'...

🎧 52
- une anecdote : ....
- une rumeur : ....
- un canular : ....
- une information fiable : ....
- une infox : ....

3. Lisez ces extraits de quotidiens francophones, puis retrouvez la rubrique à laquelle correspond chaque article.

l'actualité internationale   la culture   les faits divers

la météo   l'actualité nationale   l'économie

l'environnement   les sciences   le sport

ICI LE MALI | En ce moment

NOUVEAUTÉ À LA MOSQUÉE DE DJENNÉ

Au Mali, à Djenné, ville classée au patrimoine mondial, la magnifique mosquée est désormais alimentée à l'énergie solaire. Ce chef-d'œuvre architectural a également été refait pour être protégé de la pluie et du passage du temps…

Rubrique : ....

BON MATIN AU QUÉBEC | Insolite

CHERCHER DES POKÉMON, TROUVER DES POLICIERS

Après avoir repéré un véhicule dangereux sur la route, une voiture de police a allumé son gyrophare, a fait des signes au conducteur et à ses passagers, mais sans succès. En effet, ceux-ci étaient trop absorbés par… leur jeu Pokémon Go ! Dans l'espoir d'attraper un maximum de Pokémon, ils ne regardaient pas la route ni les autres véhicules…

Rubrique : ....

Tahiti Actu

NOUS POUVONS FAIRE (BIEN) MIEUX

Le bilan n'est pas bon : projets lancés mais non suivis, aucune vision d'ensemble de la politique environnementale…

Douze mesures ont été suggérées à l'issue d'une réunion de la Chambre territoriale des comptes (CTC).

Rubrique : ....

La forme passive

4. Lisez cet article sur le *slow journalism*, puis complétez les phrases en conjuguant les verbes à la forme passive et en accordant les participes passés, si nécessaire.

Le slow journalisme

Depuis l'ère numérique, nous .... (*être informé*) par une multitudes de médias de façon excessive. Les informations .... (*être tweeté*), puis commentées, partagées, bref, elles sont omniprésentes. Toute la journée, nous .... (*se faire bombarder*) d'informations que nous ne savons pas toujours interpréter. « Les sanctions contre Téhéran .... » (futur + *être renforcé*). Mais, savons-nous pourquoi Téhéran .... (futur + *être sanctionné*) ? Par qui ? Est-ce une bonne chose pour la paix internationale ? L'infobésité ne nous pousse pas à réfléchir, au contraire : on sait que 60 % des articles sur les réseaux sociaux .... (*être partagé*) sans .... (*être lu*).

Pour éviter la surcharge d'information, un type de presse qui .... (*se faire appeler*) slow journalism (en français : « journalisme lent ») se développe. Les articles .... (*se lire*) plus lentement que dans un quotidien en ligne, car ils sont plus détaillés et mieux documentés. Aucune publicité ne .... (*s'y trouver*) et aucune actualité « chaude » .... (*n'y être publié*) : c'est une parenthèse hors du temps, où le plaisir de lire et de découvrir des sujets en profondeur .... (*être mis*) à l'honneur. Les lecteurs du slow journalism .... (*ne pas être coupé*) du monde : au contraire, ils s'intéressent réellement à ce qui les entoure… à leur rythme.

5. Écoutez ce reportage sur la presse africaine, puis écrivez les moments clés de son histoire, à l'aide des dates ci-dessous.

🎧 53
- En 1856 : ....
- En 1881 : ....
- En 1946 : ....
- En 1977 : ....
- En 1986 : ....
- Dans les années 1990 : ....

6. Lisez ces titres d'articles, puis imaginez et écrivez les deux premières phrases de l'article en utilisant la forme passive, comme dans l'exemple.

LE PUBLIC MALIEN, SOUS LE CHARME APRÈS LE CONCERT DU DUO MUSICAL AMADOU ET MARIAM.

— *Après leur concert, les stars internationales Amadou et Mariam ont été applaudies pendant une demi-heure par un public déchaîné. Ces deux chanteurs sont toujours chaleureusement accueillis dans leur pays d'origine....*

Le comportement de la princesse de Monaco choque la famille royale.

MALAISE À CANNES : LE PRIX D'INTERPRÉTATION FÉMININE REMIS À LA MAUVAISE PERSONNE !

TROIS HOMMES ARRÊTÉS POUR AVOIR ESSAYÉ D'ENTRER DE NUIT... DANS UNE PRISON.

7. En petits groupes, lisez la règle du jeu et jouez.

La rumeur

Vous allez propager une rumeur. En petits groupes, asseyez-vous en cercle. Une personne lance une rumeur à l'aide des indications ci-dessous. Elle chuchote la rumeur à l'oreille de la personne placée à sa droite, qui fait la même chose jusqu'à la dernière personne, qui se lève et répète la phrase. Si la phrase est la même, le groupe gagne 1 point ; sinon, le groupe perd 1 point. Si vous gagnez 5 points en moins de 10 minutes, votre groupe a gagné !

Indications : pour trouver le thème de votre rumeur, regardez vos vêtements.
- Si vous portez du gris, du beige ou du blanc : votre rumeur doit inclure un pays.
- Si vous portez du noir ou du rouge : votre rumeur doit inclure un animal.
- Si vous portez des couleurs claires : votre rumeur doit inclure un objet bizarre.
- Si vous portez du blanc : votre rumeur doit inclure une personne célèbre.
- Si vous portez d'autres couleurs : votre rumeur doit inclure un élément de la nature.

— *Il paraît qu'au Japon les chats se font masser par des professionnels dans des espaces de détente !*

Exprimer la certitude et le doute

8. Observez cet article, puis complétez les phrases à l'aide des expressions en étiquettes. Plusieurs réponses sont possibles.

être convaincu que   être sûr que   douter de

ne pas être certain que   ne pas être sûr de   douter que

LE PUBLIC FAIT-IL CONFIANCE AUX MÉDIAS ?

Les Français croient que les choses se sont passées comme...

	2017	2018
la radio les raconte	52 %	56 %
le journal les raconte	45 %	52 %
la télévision les raconte	41 %	48 %
Internet les raconte	3 %	2 %

Source : Kantar Public et Kantar Media pour *La Croix*, janvier 2018.

Les données de 2017 et 2018 montrent que les sondés .... de moins en moins .... la fiabilité d'une information entendue à la radio.

En 2017, moins de la moitié des personnes interrogées .... le journal racontait les choses comme elles se sont passées. En 2018, plus de la moitié en est sûre.

Même si les chiffres ont évolué, la moitié des sondés .... la télévision dise la vérité. On peut se demander pourquoi le public français .... la fiabilité d'une information télévisée.

En 2017, 3 % des sondés .... ils pouvaient faire confiance aux informations trouvées sur Internet. Un an plus tard, ce chiffre est tombé à 2 % ; c'est-à-dire que 98 % de la population .... les informations d'Internet soient fiables.

9. À l'aide des informations ci-dessus, écrivez en quelques lignes la relation entre les Français et les médias, en utilisant les expressions de la certitude et du doute.

....
....
....
....
....
....

10. Lisez le top 3 du pire dans les médias en ligne. Pourquoi ce type de contenu existe-t-il, selon vous ? Justifiez à l'aide des débuts de phrase.

Médias en ligne

Le TOP 3 du pire 😝

 L'article de dernière minute plein de fautes d'orthographe.

 Les blogs et les sites Internet illisibles à cause des publicités qui apparaissent tout le temps.

 Les sites qui partagent une information sans l'avoir vérifiée.

1. Il est évident que ....

....

2. Il est clair que ....

....

3. Il est certain que ....

....

11. Reformulez les phrases ci-dessous, à l'aide des amorces proposées.

4. Elle est sûre que cette information scandaleuse vient de Twitter où elle l'a lue ce matin.
Elle est sûre d'..

5. Je ne suis pas certain de l'efficacité des montres intelligentes pour bien s'informer.
Je ne suis pas certain que ....

6. Je doute de l'intérêt de mes amis du club de lecture pour l'actualité.
Je doute que ....

7. Ils ne sont pas sûrs que les informations échangées entre deux cours soient fiables.
Ils ne sont pas sûrs de ....

Les expressions idiomatiques et proverbes

12. Associez les expressions ci-dessous à une illustration.

a. Aux grands maux les grands remèdes
b. Soigner le mal par le mal
c. Trop d'infos tue l'info
d. À consommer avec modération

13. Écoutez ces quatre dialogues, puis associez chacun d'entre eux à une expression.

🎧 54

a. Aux grands maux les grands remèdes : dialogue ....
b. Soigner le mal par le mal : dialogue ....
c. Trop d'info tue l'info : dialogue ....
d. À consommer avec modération : dialogue ....

La publicité

14. Formez les noms qui correspondent à ces verbes en *-er*. Vous pouvez les chercher dans l'unité.

Noms en *–tion* ou *–ssion*

• informer : ....
• réaliser : ....
• éduquer : ....
• exprimer : ....
• améliorer : ....
• supprimer : ....

Noms en *–ment*

• traiter : ....
• classer : ....

15. Formez les verbes en *-er* qui correspondent à ces noms. Vous pouvez les chercher dans l'unité.

• l'ignorance : ....
• l'influence : ....
• le soupir : ....
• le regret : ....
• le refus : ....
• l'annonce : ....
• le contrôle : ....

• la diffusion : ....
• la vérification : ....
• l'inspiration : ....
• la précision : ....
• l'explication : ....
• la concentration : ....

16. Complétez cette fiche sur une publicité qui vous a marqué/e.

Souvenir de PUB

Publicité pour quel produit ? ....

Objectifs de la pub : ....

Qu'est-ce qui s'y passe ? ....

Slogan et/ou musique : ....

Pourquoi cette pub vous a particulièrement marqué/e ? ....

....

....

Le discours rapporté au passé

17. Écoutez ce reportage sur une expérimentation concernant la publicité sur les trottoirs. Puis, entourez le verbe qui convient dans le résumé du reportage.

🎧 55

1. Le gouvernement **a annoncé / a soupiré / a considéré** le début d'une expérimentation de 18 mois à Lyon, Bordeaux et Nantes : de la publicité biodégradable et éphémère sur les trottoirs.

2. Les villes de Nantes et Bordeaux ont vite refusé. Elles **ont noté / ont entendu dire / ont expliqué qu'**elles n'avaient jamais été informées de ce projet, qui polluerait visuellement le centre-ville.

3. Les dirigeants de Lyon **se demandaient / déclaraient / soupiraient s'**il pouvait s'agir d'un bon moyen de faire passer des messages publicitaires.

4. Six mois avant la fin de l'expérimentation, les Lyonnais **ont voulu savoir / se sont demandé / ont déclaré** l'arrêt de ce type de publicité, ils **ont précisé / ont considéré / ont entendu dire que** l'entreprise responsable n'avait pas respecté le contrat signé.

5. La start-up lyonnaise Biodegr'AD **s'est demandé / a regretté / a raconté** la fin d'un nouveau mode d'informer qui était beaucoup plus écologique que ceux que nous utilisons actuellement.

18. Lisez ces citations sur la publicité. Rapportez-les au discours indirect à l'aide des verbes introducteurs, puis écrivez une phrase pour donner votre avis.

> **CHAQUE JOUR, NOS YEUX VOIENT, EN MOYENNE, 1 200 MESSAGES PUBLICITAIRES.**
> France Culture, station de radio française

France Culture a indiqué que ....
....
....

> **NOUS SAVIONS QUE LA PUBLICITÉ CIBLAIT LES IMBÉCILES. JE DÉCOUVRE QUE ÇA MARCHE AUSSI AUPRÈS DES ABRUTIS PROFONDS.**
> Philippe Geluck, dessinateur belge

Philippe Geluck a soupiré que ....
....
....

> **LA RÉPÉTITION FAIT LA RÉPUTATION.**
> Marcel Bleustein-Blanchet, publicitaire

Marcel Bleustein-Blanchet a déclaré que ....
....
....

19. Lisez cette déclaration d'Anne-Marie Gaultier (présidente de Datakalab, start-up spécialisée dans les neurosciences), puis cochez la reformulation qui convient au discours indirect.

> **Une pub, pour marquer les esprits, doit avoir un engagement émotionnel. Une publicité 100 % rationnelle n'aura pas l'efficacité d'une pub qui va créer une émotion. Quand j'ai une émotion par rapport à une pub, je vais m'en souvenir plus longtemps et ça va permettre à la marque de se différencier de ses concurrents. [...] Alors, l'humour, ça marche toujours. Comme les bébés ou les animaux.**

1. La présidente de Datakalab a déclaré que, pour marquer les esprits, une pub...
- ☐ devra avoir un engagement émotionnel.
- ☐ devait avoir un engagement émotionnel.
- ☐ devrait avoir un engagement émotionnel.

2. Anne-Marie Gaultier a ensuite affirmé qu'une publicité rationnelle...
- ☐ n'aurait pas l'efficacité d'une pub qui va créer une émotion.
- ☐ n'aurait pas eu l'efficacité d'une pub qui va créer une émotion.
- ☐ n'avait pas eu l'efficacité d'une pub qui va créer une émotion.

3. Elle a raconté que quand elle...
- ☐ a eu une émotion par rapport à une pub, elle s'en est souvenue plus longtemps.
- ☐ aura une émotion par rapport à une pub, elle s'en souviendra plus longtemps.
- ☐ avait une émotion par rapport à une pub, elle allait s'en souvenir plus longtemps.

4. Pour finir, elle a précisé que l'humour...
- ☐ marchait toujours.
- ☐ a toujours marché.
- ☐ marchera toujours.

20. Un journaliste a pris des notes lors d'une conférence de presse. Lisez ces communiqués de grandes marques et rapportez chaque initiative à l'aide du discours rapporté.

> « Nous nous engageons pour une publicité plus écoresponsable. À partir de 2019, nous utiliserons de 21 % à 34 % d'encre en moins pour notre logo. »
> McDONALD'S, H&M, LOUIS VUITTON

> « Nous vous demandons d'arrêter d'acheter et de jeter. À la place, nous réparerons vos vêtements abîmés, nous donnerons vos vieux vêtements à ceux qui en ont besoin, nous recyclerons ce que nous pourrons recycler. »
> PATAGONIA

«Nous avons déjà représenté les invisibles, comme dans notre publicité où des enfants handicapés jouaient avec nos produits. Nous allons inclure de plus en plus ceux qui n'apparaissent pas assez dans les publicités.»

XBOX

«Nous avions décidé de rapprocher les consommateurs et de les inciter à échanger: ça a été un succès, alors nous continuerons de placer l'opinion des consommateurs au centre de notre stratégie publicitaire.»

TROIS AGENCES DE PUBLICITÉ EUROPÉENNES

1. ....

2. ....

3. ....

4. ....

21. Écoutez ces témoignages de trois porte-parole dans l'émission *Les infos qu'on nous cache*. Prenez des notes, puis rapportez leur théorie au discours indirect.

56

Le représentant de la théorie des hommes-lézards a expliqué que ....

Le représentant de la théorie conspirationniste des *chemtrails* a affirmé que ....

La représentante du complot lunaire s'est demandé si ....

Structurer un exposé écrit ou oral

22. Vous avez découvert un article, un podcast, un documentaire qui a vous a particulièrement intéressé/e. Présentez ce sujet dans un court exposé écrit, en respectant les étapes suivantes.

1. Remettez ces connecteurs et expressions dans l'ordre.

◯ Puis

◯ D'abord

◯ Je vais vous parler de

◯ En résumé

◯ Dans ce dernier point...

2. Faites des recherches sur votre sujet: trouvez trois points intéressants, un exemple et une citation d'un/e spécialiste.

3. À l'aide des connecteurs et de vos recherches, rédigez votre exposé.

PROSODIE - La liaison

23. Écoutez les phrases et marquez ⌣ les liaisons que vous entendez.
🎧 57

- Les réseaux sociaux jouent un rôle important aux élections.

- Grâce à nos camarades, nous oublions nos problèmes quotidiens.

- Dans un blog, un petit oubli n'est pas très grave.

- Il faut un grand effort de communication de la part des autorités.

- La presse est un grand allié de la société.

- Les enquêtes d'opinion nous aident à comprendre la société.

- Les infox sont un ennemi de la démocratie.

- Il y a de plus en plus d'infox sur Internet.

24. Écrivez en dessous des marques de liaison de l'activité précédente le son de la liaison que vous entendez, puis complétez l'encadré.

> **➕ La liaison**
> La liaison peut se faire avec le son ....,........ ou ....
> La liaison avec un **d** se prononce en général ....

25. Lisez les phrases de l'activité 23 à voix haute en faisant attention à bien prononcer les liaisons.

PROSODIE - Les liaisons obligatoires et interdites

26. Écoutez les phrases, puis marquez les liaisons que vous entendez et mettez une barre / là où il n'y a pas de liaison.
🎧 58

- Ce sont des études difficiles à suivre, et elles sont chères, en plus !

- Nous sommes très étonnés de voir son attitude.

- Il part avec sa copine en Hollande.

- C'est vraiment incroyable qu'ils aient fait ça sans nous prévenir.

- Vous avez composté votre billet avant de monter ?

- On est souvent interpellé par des inconnus dans la rue.

- La publicité mensongère est l'affaire de tous.

- Elle écrit un e-mail à ses collègues. Les onze lui ont répondu.

> **➕ Les liaisons obligatoires et interdites**
> La liaison à l'intérieur d'un groupe rythmique est en général obligatoire. Elle est interdite après **et**, avant un chiffre (**huit**, **onze**) et avant un **h** aspiré.

27. Lisez ce texte à voix haute en faisant attention aux liaisons obligatoires.

> Depuis 2018, les publicités télévisées sont uniquement interdites sur les chaînes du service public, aux horaires des programmes pour enfants. Mais en dehors de ce créneau, les publicités alimentaires à destination des enfants ne sont pas du tout régulées. « Les enfants sont souvent devant l'écran de télévision pendant les repas familiaux, de sorte qu'ils sont exposés à la publicité pour la malbouffe », a regretté dimanche le député Prud'homme. Entre 1997 et 2009, la proportion de personnes obèses a presque doublé, passant de 8,5 % à 14,5 %. « Une étude américaine a montré qu'un tiers des enfants obèses ne le serait pas devenu s'il n'y avait pas eu de publicité alimentaire à la télévision pour la malbouffe. [...] « la société va y perdre, sur le plan humaniste et social », soupire Courbet. « L'obésité est une catastrophe pour la santé publique en France. » Depuis le 1er janvier 2018, la publicité dans les programmes destinés aux enfants de moins de 12 ans est interdite sur les chaînes publiques françaises. Cette mesure est approuvée par 88 % des Français.
>
> Source : extrait de https://www.lesinrocks.com, le 30/05/2018, par Gaëlle Lebourg

28. Écoutez les phrases et dites si vous entendez le son [s] ou le son [z].
🎧 59

	J'entends [s]	Je n'entends pas [z]
1.		
2.		
3.		
4.		
5.		
6.		
7.		
8.		

29. Lisez ces phrases, puis écrivez en dessous des mots si vous prononcez le son [s] ou le son [z].

- **a.** Le zèbre est un animal sauvage qui vit dans la savane.

- **b.** Mes amies Zoe et Sarah vont souvent au cinéma.

- **c.** C'est un dessert vraiment délicieux.

- **d.** Ce poison est vraiment dangereux.

- **e.** Ils se sont cassé le bras la même semaine.

- **f.** C'est difficile de se dire adieu.

- **g.** Pour aller à Besançon, nous allons prendre le bus.

- **h.** La base de la société est la famille.

PHONIE-GRAPHIE - Les sons [s] et [z]

30. Complétez l'encadré à l'aide de l'activité précédente.

> ➕ **Le son [S]**
> Le son [s] s'écrit :
> — .... en début de mot et en fin de mot
> Ex.: ....
> — .... devant **a**, **o**, **u**
> Ex.: ....
> — .... devant **e**, **i**, **y**
> Ex.: ....
> — .... entre 2 voyelles.
> Ex.: ....
>
> Le son [z] s'écrit .... ou .... entre 2 voyelles. La liaison avec un **s** se prononce aussi [z].
> Ex.: ....

31. Répétez les virelangues suivants.

1. Zazie causait avec sa cousine en cousant.

2. Un chasseur sachant chasser sait chasser sans son chien de chasse.

3. Poisson sans boisson, c'est poison !

4. Ces Basques se passent ce casque et ce masque jusqu'à ce que ce masque et ce casque se cassent.

5. Zaza zézaie, Zizi zozote.

Autoévaluation

Mes compétences à la fin de l'unité 6

Je suis capable de / d'...	J'ai encore des difficultés à...	Je ne suis pas encore capable de / d'...	
			parler de ma relation aux médias et à l'information.
			échanger sur la vérification de l'information.
			parler de l'influence de la publicité.
			échanger sur la pub.
			débattre de santé publique.
			rapporter les propos de quelqu'un.

Mon bagage sur cette unité

1. Qu'est-ce que vous avez appris sur la culture française et francophone?

....
....

2. Qu'est-ce qui vous a le plus intéressé et / ou étonné ?

....
....

3. Qu'est-ce qui est différent par rapport à votre culture? Et qu'est-ce qui est similaire?

....
....

4. Vous aimeriez en savoir plus sur...

....
....

Planète
pas nette

Le recyclage

1. Associez les listes de mots aux thèmes en étiquettes.

l'organique   les emballages

les déchets   les matériaux

1. Les ordures, les détritus, les immondices.
2. Le métal, le papier, le verre, le plastique.
3. La boîte, le sachet, le pot, la barquette, la brique.
4. Les épluchures de pommes de terre, la peau de banane, les arêtes de poisson, les os de poulet.

2. Écoutez cette chronique radio diffusée à l'occasion de la journée sans plastique. Cochez si les actions du quotidien se font avec ou sans la présence d'emballages en plastique.

🎧 60

	Sans plastique	Avec plastique
Se laver le corps		
Se laver les cheveux		
Se laver les dents		
Utiliser un déodorant		
Petit-déjeuner avec du pain de mie		
Manger un yaourt		
Boire un café au lait		
S'habiller		
Boire un verre pendant le travail		
Acheter un sandwich		
Manger au bar à salade		

3. Lisez ces phrases extraites d'un forum sur le recyclage. Indiquez si elles sont écrites par un homo détritus (D) ou un homo recyclus (R).

1. Brûler des déchets, ça pollue et ça coûte plus cher que de les recycler. D / R
2. Ça sert à rien de trier, puisqu'ils mélangent tout ensuite dans les centres de tri.
3. Ma cuisine est toute petite, je n'ai pas la place pour plusieurs poubelles, alors tant pis !
4. C'est pas ma responsabilité, ce sont les producteurs qui doivent arrêter de produire des déchets.
5. Avec neuf bouteilles en plastique, on peut faire un tee-shirt ! Ça vaut la peine.
6. J'ai autre chose à faire que de laver des emballages avant de les jeter. Je travaille, moi !
7. Moi, quand je ne trie pas mes déchets, j'ai mauvaise conscience.
8. Il faut être très intelligent pour comprendre que tous les plastiques ne se recyclent pas de la même manière. Je suis pas chimiste, moi !
9. Trier le plastique, c'est le minimum à faire contre la pollution.

4. Situez Hendaye, Nice et la Corse sur une carte de France. Puis, écoutez la chronique radio et dites si les affirmations suivantes sont vraies ou fausses. Écrivez une phrase pour corriger les affirmations fausses.

🎧 61

- Rémi Camus est connu pour ses exploits sportifs. V / F
- Rémi Camus a découvert des « soupes de plastique » seulement en Méditerranée. V / F
- Le reportage évoque deux soupes de plastique aux frontières françaises. V / F
- La mer Méditerranée est une des mers les plus polluées du monde. V / F
- L'eau de la Méditerranée se renouvelle tous les 700 ans. V / F
- Il faut moins de 90 ans pour qu'une particule de plastique se détruise complètement. V / F
- Chaque jour, on jette 700 tonnes de déchets plastique dans la mer Méditerranée. V / F
- On appelle la Méditerranée la Grande Bleue. V / F
- L'impact de la pollution en mer est plus esthétique qu'écologique. V / F

5. Observez ces photos, puis cherchez dans l'article ci-dessous les noms des objets pour compléter les légendes. Quel est leur point commun ?

....

....

....

....

....

....

LES PLASTIQUES À USAGE UNIQUE INTERDITS EN EUROPE

Alors que 25 millions de tonnes de déchets en plastique sont produites chaque année en Europe, dont un quart seulement est recyclé, le parlement et le Conseil européen ont conclu en décembre 2018 un accord pour lutter contre la pollution environnementale liée aux plastiques. Cette mesure représente un grand espoir écologique : les objets concernés représentent aujourd'hui 70 % de la pollution de nos océans. Quels objets ? L'Europe prévoit d'interdire les Cotons-Tiges, les pailles en plastique, les couverts et assiettes en plastique, les touillettes et les tiges de ballons gonflables. Elle souhaite également limiter l'utilisation des gobelets et des emballages plastique.

6. Relisez l'article de l'activité précédente, puis répondez par vrai ou faux.

- On recycle actuellement en Europe trois quarts des déchets plastique produits. V / F
- L'Europe essaie de lutter contre la pollution liée aux plastiques. V / F

- Les déchets en plastique représentent 70 % de la population des mers et océans. V / F
- L'article propose des alternatives au plastique à usage unique. V / F

Exprimer la condition

7. Reformulez ces phrases à l'aide des amorces, en utilisant *à condition de* ou *à condition que*.

1. Pour que je puisse recycler mes déchets, il faut qu'on m'explique comment faire.
Je peux recycler mes déchets ....

2. Pour trouver facilement la bonne poubelle de tri sélectif, il ne faut pas être daltonien.
On peut ....

3. Pour être sensible à la pollution de la mer, il faut avoir vu des images chocs.
On est sensible ....

4. Pour réduire la consommation de plastique, il faut que chacun fasse attention quand il va au supermarché.
Chaque citoyen réduira ....

5. Pour que la commercialisation des légumes bio soit éco-responsable, il ne faut pas les emballer dans du plastique.
La commercialisation des légumes bio peut être écoresponsable ....

8. Reformulez ces phrases de conversation de couple, en utilisant l'impératif et *sinon*, comme dans l'exemple.

a. Chéri, si tu ne lis pas les consignes de recyclage, tu vas faire n'importe quoi .
— *Chéri, lis les consignes de recyclage, sinon tu vas faire n'importe quoi !*

b. Chérie, si tu ne prends pas le tri sélectif au sérieux, je demande le divorce !
....

c. Trésor, si tu mets des vêtements mouillés dans le container à vêtements, ils vont moisir.
....

d. Mon amour, si tu ne jettes pas la poubelle organique tous les jours, ça sent mauvais dans la cuisine.
....

e. Mon cœur, si tu déchires tes feuilles de papier en petits morceaux avant de les jeter, les morceaux volent partout dans l'usine de recyclage.
....

f. Ma puce, si tu ne compresses pas les emballages, ça prend beaucoup de place dans la poubelle.
....

g. Doudou, si tu ne laves pas les pots de confiture avant de les mettre à la poubelle, il va y avoir des fourmis partout.
....

Exprimer l'exclusion et l'inclusion

9. Lisez ces phrases, puis choisissez la formulation qui convient en fonction de l'intention indiquée entre parenthèses.

— *Je voulais emprunter le livre « La Terre vue du ciel » à la bibliothèque, mais il est exclu / à l'intérieur du prêt.* (exclusion)

1. Tout le monde doit être sensibilisé au tri des déchets, **y compris** / **sans** les enfants. (*inclusion*)

2. Chez moi, tout le monde recycle, **à part** / **aussi** mon père qui est un vieux râleur. (*exclusion*)

3. Il achète des repas bio sur Internet et se les fait livrer. Les frais de livraison sont **sans** / **inclus** dans le prix, ça lui coûte peu cher. (*inclusion*)

4. J'amène tous mes déchets en métal à la déchetterie, **excepté** / **y compris** les capsules de champagne, parce que ma fille les collectionne. (*exclusion*)

5. Ma mère jette tous ses déchets dans la poubelle jaune : le verre, l'acier, le papier, et l'organique **exclu** / **aussi**. Ça m'énerve ! (*inclusion*)

6. J'ai lu un article qui disait que ça ne sert à rien de recycler le plastique **à part** / **y compris** les bouteilles en PET. (*exclusion*)

7. Il recycle très bien ses déchets **sans** / **avec** avoir lu le guide explicatif de la mairie. (*exclusion*)

Les initiatives pour l'environnement

10. Lisez cet article, puis répondez aux questions.

Cet été sur les plages tunisiennes, suivez l'homme aux sacs-poubelle

Mohamed Oussama Houij arpente le littoral pour ramasser les déchets et sensibiliser les habitants et les touristes à la protection de l'environnement.

« Je n'ai jamais vu de tortue marine vivante, seulement des cadavres. Pourtant j'ai 27 ans et je vis en Méditerranée, bassin de reproduction par excellence des tortues ! », se révolte Mohamed Oussama Houij. Cet été, cet ingénieur parcourt à pied 300 km du littoral tunisien afin de sensibiliser les habitants et les touristes sur l'ampleur de la pollution. Tout au long de son voyage, il publie sur Facebook des images de côtes jonchées de bouteilles en plastique, de morceaux de filets de pêcheur, de couches pour bébé... La journée de Mohamed commence à 6 heures, afin d'éviter les grandes chaleurs. Au programme ce jour-là : le nettoyage d'une plage au nord de la station balnéaire de Hammamet. Il rôde autour des parasols, le regard fixé sur le sable. Il se baisse, ramasse tout ce qui n'est pas organique et le glisse dans un immense sac poubelle. [...]
Les réactions des baigneurs varient. Certains le prennent pour un éboueur, d'autres se lèvent et ramassent avec lui les ordures sur la plage. Aux yeux de Mohamed, n'importe quelle réaction vaut mieux que l'indifférence. Dans les grandes villes qu'il a traversées, il a été découragé par « l'insouciance » des habitants : mis à part des encouragements et des demandes de selfies, personne n'a pris l'initiative de se joindre à lui, contrairement aux petites villes, où les habitants s'approprient davantage l'espace. [...]
Mohamed n'est pas seul. Ils sont quatre à l'accompagner, qui l'ont connu sur Facebook et ont décidé de lui donner...

un coup de main le temps des vacances. « *Je ne suis pas sûre de l'utilité à long terme, mais ça permet d'alerter et c'est une superbe démarche* », confie Rim Ben Slimane, enseignante en droit en région parisienne.

Mohamed n'a pas d'association, ni de collectif, ni de sponsor. C'est un solitaire, qui espère cependant mobiliser autant de volontaires que possible. [...] Mohamed estime que son projet « 300 km » sera un succès lorsqu'il aura « *300 personnes derrière lui* » et « *quand ceux qui ont été sensibilisés commenceront à se mobiliser* ».

Source : Mohamed Haddad, *Le Monde*, le 7 août 2018.

1. L'objectif de Mohamed est...
- ☐ de sauver des tortues de mer.
- ☐ d'attirer plus de touristes en Tunisie.
- ☐ de sensibiliser à la pollution sur les plages.

2. Que fait Mohamed pendant les journées d'été ?
- ☐ Il anime une page Web sur l'écologie.
- ☐ Il travaille dans un établissement balnéaire.
- ☐ Il ramasse les déchets sur les plages de Tunisie.

3. Qu'est-ce qui, parfois, décourage Mohamed dans son initiative ?
- ☐ Les demandes de selfies.
- ☐ L'insouciance des habitants.
- ☐ Les réactions des vacanciers.

4. Rim Ben Slimane aide Mohamed, car...
- ☐ elle trouve que l'initiative est utile à long terme.
- ☐ elle croit qu'il faut donner un coup de main aux jeunes.
- ☐ elle pense que c'est une belle initiative.

5. L'initiative de Mohamed est...
- ☐ strictement personnelle.
- ☐ soutenue par une association.
- ☐ née dans un collectif de volontaires.

6. Mohamed pense que son initiative sera un succès quand les gens... (deux réponses)
- ☐ le suivront.
- ☐ répéteront son message.
- ☐ feront 300 km.

11. 🎧 62 Écoutez ce reportage, et situez les pays mentionnés sur une carte de l'Afrique. Puis, associez chaque pays à l'initiative présentée.

En Algérie – Au Ghana – Au Sénégal – En Égypte – Au Kenya

1. Un bateau couvert de plastique recyclé navigue pour faire prendre conscience des dangers du plastique.
2. Une entreprise échange des déchets plastique contre de l'argent pour les recycler.
3. Un militant écologiste a lancé une campagne de sensibilisation en ligne devenue virale.
4. Une entreprise construit des routes en plastique recyclé.
5. Un jeune homme apprend aux enfants à fabriquer des instruments de musique avec des emballages.

12. Faites des recherches sur Internet à l'aide des mots-clés « Bruges, baleine, plastique ». Écrivez une légende à cette photo, puis rédigez quelques phrases pour expliquer l'œuvre avec vos mots.

....
....
....
....
....

13. 🎧 63 Écoutez le reportage audio sur l'engagement de youtubeurs français en faveur du climat, puis complétez les phrases suivantes.

- Des youtubeurs français ont...
- Ils veulent inciter leurs abonnés à se...
- Ils invitent leurs abonnés à...
- Ils ont une responsabilité pour...
- Ils désirent essentiellement...
- Leur objectif n'est pas de culpabiliser les gens, mais de...

14. Lisez ce flash info et réagissez-y. Écrivez votre avis sur l'initiative des deux nageuses dans un texte de 80 mots.

SPORT ET ÉCOLOGIE

Kate Shortman et Isabelle Thorpe, deux nageuses synchronisées de Bristol en Angleterre, se sont filmées en train de pratiquer leur programme de danse pour les Championnats du monde de natation dans une piscine remplie de déchets plastique. On les voit danser au milieu de bouteilles, de sacs et d'ordures. Leur but : dénoncer la pollution des océans qui tue des animaux et empoisonne la planète.

....
....
....
....
....
....
....
....
....
....
....
....
....
....

Exprimer la cause et la conséquence

15. Lisez ces extraits d'articles et soulignez les mots pour exprimer la cause et la conséquence, puis complétez le tableau.

> L'homme se nourrit, se chauffe, se protège, se soigne grâce à des biens prélevés dans la nature, c'est pourquoi il faut la protéger.

> Les maquereaux de l'Atlantique ont toujours été pêchés en Europe. En raison du réchauffement climatique, ces poissons sont remontés vers le Nord, ils sont maintenant dans les mers islandaises, ce qui a provoqué une dispute entre l'Islande et l'Union européenne.

> Le réchauffement des régions arctiques entraîne un changement de végétation, et ce changement crée alors des réactions en chaîne. Étant donné que les animaux se nourrissent de cette végétation, leur alimentation est bouleversée. Par conséquent, la productivité des animaux baisse, d'où une perte pour l'homme qui possède les troupeaux.

> La hausse des températures provoque l'apparition de moustiques dans les régions tempérées. Les virus transportés par ces insectes, comme le chikungunya, la dengue et la fièvre jaune atteignent alors des populations autrefois protégées.

Cause	Conséquence

16. Reformulez ces phrases en utilisant les mots entre parenthèses, et faites les changements nécessaires.

- En raison du changement climatique, 30 % des espèces animales et végétales risquent de disparaître. (*entraîner*)
— *Le changement climatique entraîne la disparition de 30 % des espèces animales et végétales.*

- L'augmentation de la température, la désertification et le manque d'eau causent la diminution de la biodiversité. (*dû à*)
....
....

- Depuis quelques années, les variations de la température de l'eau sont importantes en Amérique du Nord, d'où la diminution de la quantité de saumons. (*à cause de*)
....
....

- En Australie, l'allongement des périodes chaudes provoque la diminution du nombre de kangourous. (*étant donné que*)
....
....

- Comme le climat est plus sec en Afrique subsaharienne, les zones d'habitat des éléphants se sont réduites. (*tellement ... que*)
....
....

- En Russie, puisque les températures augmentent, des espèces d'insectes venant du sud ont fait leur apparition, y compris des insectes nuisibles dans la région de Moscou. (*d'où*)
....
....

- Petit à petit, les plantes et les animaux du sud se déplacent vers le nord, d'où la possibilité de cultiver du raisin dans le centre de la Russie. (*grâce à*)
....
....

- Comme il ne peut plus chasser sur la glace, l'ours polaire vient chasser de plus en plus près des villages. (*alors*)
....
....

17. Écoutez la chronique radio et cochez les éléments que vous entendez.
64

- Rubrique de la chronique: ☐ gastronomie   ☐ écologie
- Espèce menacée: ☐ végétale   ☐ animale
- Danger éventuel: ☐ diminution   ☐ augmentation
- Causes: ☐ changement climatique   ☐ problèmes économiques
- Autres causes parallèles: ☐ incendies   ☐ intempéries   ☐ maladies

Exprimer la peur

18. Complétez les phrases avec l'expression qui convient conjuguée au temps correct. Plusieurs réponses sont possibles.

avoir peur	être inquiet	craindre	se faire du souci

1. J............................ quand j'ai vu la vague arriver !

2. Comme elle .... des araignées, elle ne va jamais à la campagne.

3. Dans les aventures d'*Astérix*, les Gaulois .... que le ciel leur tombe sur la tête.

4. Depuis quelques années, les scientifiques ....un retour de certaines maladies.

5. Quand je vois l'état de la planète, je .... pour les générations futures.

6. Malheureusement, nous .... que l'avenir de la planète soit noir.

7. Les conditions météo étaient tellement mauvaises que les femmes de marin ....pour leurs maris.

8. Quand ils étaient petits, ses enfants........................... de l'orage, alors ils se bouchaient les oreilles quand il pleuvait.

9. Pourquoi tu n'as pas prévenu que tu revenais tard ? Je ....pour toi !

19. Conjuguez le verbe *craindre* au temps qui convient (imparfait, présent 2 x, infinitif, passé composé, conditionnel).

1. Pourquoi vous tremblez ? Qu'est-ce que vous .... ?

2. Ils ont quitté leur maison parce qu'ils .... qu'elle s'écroule.

3. Si j'étais gaulois, je .... la colère du dieu Toutatis.

4. Je .... que votre peur du changement climatique soient justifiée.

5. Ils .... que les images de la catastrophe choquent le public, alors ils ne les ont pas diffusées.

6. Nous sommes en sécurité, nous n'avons rien à ....

20. Entourez le mot qui convient dans chaque phrase.

a. Le gouvernement est assez **préoccupé / préoccupant** par la diffusion des infox.

b. Vous avez vu les chiffres **inquiétés / inquiétants** de la violence domestique ?

c. Certains enfants, **terrifiés / terrifiants** par l'image de Momo, ont fait des cauchemars chaque nuit.

d. Pour Halloween, certains enfants portent des costumes **terrifiés / terrifiants**.

e. Ils jouaient à se faire peur en se racontant des histoires **préoccupantes / préoccupées**.

f. Ils ont regardé un film d'horreur absolument **effrayant / effrayé**.

g. Les visiteurs **effrayés / effrayants** sortaient de la maison hantée en tremblant.

21. Écrivez un courrier pour réagir à l'article sur Nostradamus et le changement climatique. Exprimez vos doutes, vos certitudes et vos angoisses en réutilisant les expressions de la page 111 du *Livre de l'élève* (150 mots).

La nominalisation

22. Trouvez les noms correspondant aux verbes en étiquettes, puis complétez les phrases.

battre	réchauffer	changer	reproduire

polluer	alimenter	adapter	disparaître

- Ce qu'elle aime, c'est observer le .... de couleur des feuilles à l'automne.
- Ils ont interdit les baignades en mer à cause de la .... provoquée par une substance chimique.
- C'est un parc naturel protégé, car c'est la zone de .... de beaucoup d'espèces protégées.
- Le .... d'ailes de la chauve-souris est extrêmement silencieux.
- Les climatosceptiques ne croient pas au .... climatique.
- Il participe à une association qui sensibilise les gens à la .... des espèces menacées.
- Il a complètement modifié son .... suite à une maladie grave.
- Elle est fascinée par les capacités d'........................... de certaines espèces végétales.

Les insectes

23. Complétez les phrases à l'aide des noms d'insecte en étiquettes.

mouche	abeilles	chenille	moustiques

papillon	araignées

- La maison est très ancienne, il y a des toiles d'........................... à tous les coins de murs.
- Pendant l'examen, la salle était tellement silencieuse qu'on entendait seulement une .... voler.
- J'ai un doute, celles qui fabriquent le miel, ce sont les guêpes ou les .... ?
- Ces derniers temps en Provence, on est envahi par les ...., et on se gratte toute la nuit.
- Dans *Alice au pays des merveilles*, l'héroïne rencontre une .... sur un champignon qui lui dit : « Qui es-tu ? »
- Grâce aux pâtes, j'ai mémorisé que .... se dit *farfalle* en italien !

PROSODIE - L'enchaînement consonantique

24. Écoutez les phrases suivantes et soulignez les enchaînements consonantiques.

🎧 65

1. Toussaint Bobo élabore des sacs à main.

2. Avec cette initiative, il gagne bien sa vie.

3. Huit élèves du lycée Kléber ont décidé de se mobiliser.

4. Il faut éliminer les emballages plastique inutiles.

5. La nature est incontrôlable.

6. Cet ingénieur analyse les effets de la pollution.

7. Il visite une plage au nord de Hammamet.

8. Il faudrait interdite les assiettes en plastique.

> ➕ **L'enchaînement consonantique**
> L'enchaînement consonantique est une caractéristique très importante du français. Lorsqu'un mot se termine par une consonne prononcée et que le mot suivant commence par une voyelle, la consonne finale du premier mot s'enchaîne à la voyelle du mot suivant pour former une syllabe.
> Ex : *cette activité* se prononce [se-tak-ti-vi-te].

PROSODIE - L'enchaînement vocalique

25. Écoutez les phrases et soulignez les enchaînements vocaliques.

🎧 66

1. Le manque d'eau pourrait provoquer un conflit armé.

2. Le développement industriel a obligé l'homme à consommer de plus en plus.

3. Le changement climatique nous oblige à réfléchir à notre consommation.

4. Le cinéma américain présente souvent des situations catastrophiques.

5. La pollution est un défi important.

6. J'ai entendu dire que la température est montée d'un degré.

7. Un nouveau règlement antipollution a été approuvé.

8. Nous devons faire des progrès importants en termes d'écologie.

> ➕ **L'enchaînement vocalique**
> À l'intérieur du groupe rythmique, on ne fait pas de coupure entre la voyelle finale d'un mot et la voyelle initiale du mot suivant. Ces deux voyelles se prononcent en un seul bloc.
> Ex : *tu as été* se prononce [tyaete].

PROSODIE - La liaison

26. Écoutez les phrases et marquez quand vous entendez une liaison.

🎧 67

1. Les effets de la pollution se voient partout.

2. Les matières biodégradables constituent un grand espoir pour l'environnement.

3. Les animaux marins sont affectés par nos déchets.

4. Nous voyons des déchets tout au long du voyage.

5. Les humains doivent se soucier de toutes les autres espèces.

6. Nous sommes les responsables de nos actions contre la nature.

7. Des ingénieurs français auraient inventé un plastique biodégradable.

8. Il y a de plus en plus de déchets plastique dans les mers.

> ➕ **La liaison**
> La liaison est le fait de prononcer la consonne finale d'un mot, qui normalement n'est pas prononcée, pour l'unir avec la voyelle initiale du mot suivant.
> Ex : *dans un mois* se prononce [dãzɛ̃mwa].

27. Écoutez et marquez les liaisons en bleu, les enchaînements vocaliques en vert, et les enchaînements consonantiques en noir.

🎧 68

Bonjour,

Je me permets de vous écrire suite à votre article sur les prophéties de Nostradamus qui m'a un peu choquée. Je crains, en effet, que beaucoup de vos lecteurs comprennent mal votre intention et associent le réchauffement climatique aux délires d'un voyant de la Renaissance.

Le réchauffement climatique est une chose sérieuse. Face aux théories climatosceptiques, je tiens à vous faire part de mon inquiétude devant les conséquences alarmantes de la hausse du niveau de la mer, qui sont dans le Pacifique Sud une réalité très concrète.

J'ai l'impression qu'en Métropole le réchauffement climatique inquiète assez peu et qu'on est plus préoccupé par l'astrologie que par la montée des eaux. La situation que nous vivons ici devrait pourtant vous préoccuper, car tous les territoires seront tôt ou tard touchés. Les nôtres le sont déjà. Certains villages ont les pieds dans l'eau, et l'inquiétude grandit dans tout l'archipel : les enfants ont peur des grosses vagues, les anciens craignent les tempêtes de plus en plus fréquentes, et certaines familles quittent le littoral pour les montagnes, car ils ont peur que leurs maisons disparaissent. Chez moi, quand le vent souffle fort, on dirait que la mer mange la côte, c'est effrayant !

PHONÉTIQUE - Les sons [ʒ] et [j]

28. Écoutez les phrases et marquez si vous entendez le son [ʒ] 🎧 comme dans *page* ou le son [j] comme dans *payer*.
69

	J'entends [ʒ]	J'entends [j]
1.		
2.		
3.		
4.		
5.		
6.		
7.		
8.		

29. Répétez les phrases suivantes.

- Il voyage à Marseille.
- C'est la cage de la caille.
- Sa fille nage à la plage.
- Camille mange de l'ail.

30. Répétez ces virelangues.

- Dans la gendarmerie, quand un gendarme rit, tous les gendarmes rient dans la gendarmerie.
- L'abeille coule, l'abeille coule, l'abeille coule.
- Je veux et j'exige de voyager, j'exige et je veux un voyage.

Autoévaluation

Mes compétences à la fin de l'unité 7

Je suis capable de / d'...	J'ai encore des difficultés à...	Je ne suis pas encore capable de / d'...	
			parler du recyclage.
			donner des instructions de recyclage.
			évoquer des engagements écocitoyens.
			expliquer les causes et les conséquences d'une action, d'un phénomène.
			exprimer une crainte.

Mon bagage sur cette unité

1. Qu'est-ce que vous avez appris sur la culture française et francophone?

....
....
....

2. Qu'est-ce qui vous a le plus intéressé et / ou étonné?

....
....
....

3. Qu'est-ce qui est différent par rapport à votre culture? Et qu'est-ce qui est similaire?

....
....
....

4. Vous aimeriez en savoir plus sur...

....
....
....

On lâche rien !

La mise en relief

1. Reliez ces propositions pour former des commentaires cohérents sur les « Gilets jaunes ».

Ce que nous revendiquions, ○   ○ c'était d'être entendus par le gouvernement.

Ce qui m'a révolté, ○   ○ c'est qu'il y ait un vrai changement.

Ce dont les manifestants peuvent être fiers, ○   ○ c'est la présence de tous ces casseurs.

Ce qu'ils espéraient tous, ○   ○ c'est d'avoir rendu leur cause visible.

Ce dont je doute, ○   ○ c'était notre droit de faire un référendum.

2. Complétez ces débuts de phrase à l'aide des mots en étiquettes.

ce que/qu'   ceux qui   ce dont   celle que/qu'

ceux dont   celui qui   ce qui

1. .... est surprenant, c'est que toute l'Algérie, qui était restée relativement calme pendant le Printemps arabe, se soit mobilisée d'un seul coup.

2. « Qu'ils dégagent tous ! » : c'est .... on a entendu durant les manifestations au printemps 2019.

3. .... les médias sont sûrs, c'est que la mobilisation aurait été moins importante sans l'appel lancé sur les réseaux sociaux.

4. La police a voulu interdire les manifestations, mais .... ont eu le dernier mot, c'étaient les manifestants.

5. .... a eu du mal à calmer les manifestants, c'est le responsable de la sécurité.

6. .... tout le monde a vue, c'est la statue de Marianne, l'emblème de la République.

7. .... j'ai eu très peur, ce sont les casseurs.

3. Exprimez votre opinion à l'aide de la mise en relief.

• La meilleure qualité chez quelqu'un :
— *Ce que je considère comme la meilleure qualité, c'est l'honnêteté.*

• Inacceptable de la part d'un ami :
....

• Très important pour vous :
....

• Révoltant pour vous :
....

• Vous en rêvez :
....

• Insupportable pour vous :
....

• Vous en avez peur :
....

• Irrésistible pour vous :
....

Exprimer une volonté

4. Lisez cet article sur Mai 68 et entourez le verbe au mode qui convient : infinitif ou subjonctif.

Mai 68, une histoire

En 1968, en France, les étudiants ont voulu **changer / qu'ils changent** la société.

Ils ont commencé à protester en mars, en manifestant pour demander que les gouvernements **mettre / mettent** fin à la guerre au Vietnam. Les revendications ont continué : filles et garçons souhaitaient **qu'ils ne soient plus séparés / ne plus être séparés** dans les cités universitaires. C'était clair : la révolte étudiante était lancée. Beaucoup ont rejoint les étudiants, les syndicats ont demandé aux travailleurs français **de faire / qu'ils fassent** la grève et **de manifester / qu'ils manifestent** à leur tour. Les ouvriers reprennent le mouvement et sont à l'origine de la plus importante grève générale de l'histoire de la France, en mai 1968. Ils réclament de **démissionner le général de Gaulle / que le général de Gaulle démissionne**, ils veulent aussi **d'être moins violente la police / que la police soit moins violente**. Ils désirent **voter / qu'ils votent** pour un nouveau gouvernement, et ils sont enfin entendus : fin juin, deux votes ont lieu pour mettre fin à cette révolution sociale.

5. Complétez cet article à l'aide des verbes en étiquettes à l'infinitif ou conjugués au subjonctif.

s'assurer   être   avoir

prendre   continuer   arrêter

Profs en galère... et en colère

Vidés!

Pas contents!

Usés!

Après les «Gilets jaunes»... les «Stylos rouges»! En janvier 2019, l'objet emblématique des enseignants a donné son nom à ce groupe composé de plus de 60 000 professionnels de l'éducation.
Car les profs aussi désirent .... entendus. Ils souhaitent que le gouvernement .... les mesures sociales annoncées en décembre 2018. De plus, ils veulent .... que tous les élèves auront les mêmes chances d'apprendre et de progresser, grâce, par exemple, à des classes à effectifs réduits : ils aimeraient .... vingt élèves par classe de primaire, au maximum. Les «Stylos rouges» réclament également d'autres revendications de longue date : que le gouvernement .... de supprimer des postes et qu'il .... une médecine du travail pour l'Éducation nationale. On suppose que les élèves vont souhaiter que le mouvement ...., en effet pour se faire entendre, les membres des «Stylos rouges» notent toutes les copies 20/20!

6. En petits groupes, rédigez trois slogans pour ou contre quelque chose du quotidien qui vous touche ou vous agace. Lisez vos slogans à l'ensemble de la classe. Les autres groupes ont une minute pour proposer un nom pour votre groupe et retrouver votre revendication. Votez pour le meilleur et donnez 1 point aux gagnants.

— *Vous arrivez après moi, vous restez derrière moi! Doublez, doublez, et le mécontentement des gens dans la queue va aussi doubler. Attention! Si tu passes, ça casse! Nom du groupe : Les Anti-doubleurs. Revendication : vous souhaitez que les gens soient polis et fassent la queue à la boulangerie.*

7. Rédigez un manifeste avec cinq demandes pour ceux qui ne peuvent pas s'exprimer (une espèce, un lieu...). Choisissez une cause. Quelle est la situation? Comment pourrait-elle s'améliorer?

— *Moi, le Machu Picchu, je n'en peux plus de tous ces touristes. J'exige que le nombre de visiteurs soit limité...*

1. ....
2. ....
3. ....
4. ....
5. ....

8. Lisez ces définitions, puis trouvez dans la grille les mots auxquels elles correspondent.

- En avoir assez de quelque chose (expression en trois mots): r..............
- Avoir peur (verbe): c..............
- Personne qui conteste (nom): c..............
- Contraire de «accord» (nom): d..............
- Absence de règles ou d'ordre (nom): a..............
- Sentiment de révolte ou de colère (nom): i..............

U	Ç	Q	G	Ç	K	C	X	I	T	C	F	Z
Y	I	N	D	I	G	N	A	T	I	O	N	G
I	J	C	S	D	G	O	Y	D	E	N	Z	V
U	A	F	D	D	Ç	G	O	Y	Z	T	Ç	E
I	J	N	Ç	E	F	D	C	C	C	E	J	P
Ç	V	W	C	S	M	L	N	L	H	S	R	Q
P	U	F	L	A	V	D	Y	C	K	T	A	B
Q	W	R	X	C	P	X	C	Q	C	A	S	H
A	N	A	R	C	H	I	E	A	V	T	L	X
C	J	N	S	O	P	B	Y	Z	X	A	E	D
V	C	K	R	R	Q	B	V	M	I	B	Y	
H	A	Q	M	D	T	R	T	L	Q	R	O	K
X	N	C	R	A	I	N	D	R	E	E	L	N

9. Écoutez ces messages laissés par des auditeurs sur le répondeur d'une émission de radio, puis associez chaque message à son objectif.

70

Objectifs

1 O   O exprime un coup de gueule

2 O   O incite à la révolte

3 O   O essaye d'apaiser la situation

4 O   O invite à aller manifester

Le participe présent

10. Complétez ces témoignages sur des incivilités en conjuguant les verbes au participe présent, puis à la forme composée du participe présent.

1. N'.............. (*être*) pas sûr d'avoir vu le touriste jeter son chewing-gum par terre, je n'ai rien dit.
Forme composée de *être*: ....

2. .... (*savoir*) qu'ils risquaient une amende, ils ont tous ramassé leurs papiers avant de partir.
Forme composée de *savoir*: ....

3. La voiture garée sur le trottoir s'est mise à klaxonner, ... (*agacer*) de plus en plus les piétons.
Forme composée de *agacer*: ....

4. .... (*pouvoir*) sentir le malaise dans le wagon et .... (*voir*) que la jeune femme ne savait pas comment s'en sortir, les deux amis sont intervenus.
Forme composée de *pouvoir* : ....
voir : ....

5. .... (*manger*) et .... (*boire*) sans faire attention aux autres passagers, le groupe de sportifs a dérangé tout le monde.
Forme composée de *manger* : ....
boire : ....

11. Lisez cet article sur les incivilités au quotidien, puis expliquez leur cause à l'aide des amorces proposées.

Les 5 D des incivilités

1 **Déni** : l'incivilité ne vient pas de moi, ce sont les autres qui dérangent vraiment.

2 **Déplacements** : nous nous déplaçons tous de plus en plus ; les contacts se multiplient, et avec eux, les occasions d'incivilité.

3 **Diversité** : la tolérance aux gestes et manifestations extérieures varie en fonction des cultures ; plus il y a de cultures présentes dans un même lieu, plus il y a de risques que certaines personnes se sentent dérangées par les autres.

4 **Désir** : tout le monde désire les mêmes choses et souhaite les obtenir rapidement. Ceci a une influence sur les relations.

5 **Digitalisation** : le monde devient de plus en plus numérique et change nos habitudes ; tout le monde entend les conversations des autres au téléphone, nos amis regardent sans arrêt leurs e-mails…

1. Étant persuadés que l'incivilité vient des autres, les gens ne font pas d'efforts. Ils sont dans le déni.

2. Nous déplaçant de plus en plus ....

3. Ne tolérant pas ....

4. Désirant ....

5. Devenant ....

12. Expliquez les raisons des actions sur les photos à l'aide d'un verbe au participe présent composé à la forme négative.

....
....
....

....
....
....
....
....
....
....
....
....
....

13. Transformez ces expressions polies en expressions familières vulgaires.

• Vous avez un problème mental.
• J'aimerais que vous vous arrêtiez de parler, s'il vous plaît.
• Pourriez-vous m'accorder un peu de tranquillité ? J'aimerais que vous partiez immédiatement.
• Pourriez-vous mettre fin à ce comportement agressif envers moi ?

14. Lisez ces messages laissés dans le hall d'un immeuble, et retrouvez quelle incivilité a été commise.

Chers voisins, j'adore les surprises. Cependant, les surprises marron, odorantes, discrètement déposées sur une marche des escaliers alors que je descends chercher mon courrier, pieds nus… Ce n'est pas ma tasse de thé. Merci de remédier à la situation au plus vite.
LEÏLA, 2ᵉ étage droite

Nous avons un batteur professionnel dans l'immeuble ! Et en plus, il est fan de hard rock : ça tombe bien, nous aussi ! Mais on est aussi fans de grasses matinées jusqu'à 11 h le dimanche. Continuez de jouer nos morceaux préférés, mais pas le matin, s'il vous plaît !

Les locataires du rez-de-chaussée

Incivilité : ....

Incivilité : ....

Rappel à l'attention de tous : les poubelles sont ramassées le MARDI (c'est écrit sur les poubelles et dans le hall).
Votre problème venant peut-être d'une méconnaissance des jours de la semaine, je vous conseille d'apprendre par cœur les chansons pour enfants telles que *Le facteur n'est pas passé* ou encore *L'empereur, sa femme et le petit prince*.
En vous remerciant, M. Didnée, gardien de l'immeuble

Incivilité : ....

Suggestions de cadeaux d'anniversaire pour les voisins du 4e étage : du magnésium, des haltères, des protéines. J'ai remarqué que vos bras sont très faibles : ils n'arrivent pas à lancer les cigarettes dans la poubelle en bas, ils les laissent tomber dans mes fleurs, juste en dessous de chez vous. Donc, j'espère que votre anniversaire arrivera vite, avant que mes fleurs deviennent accros à la cigarette.
Amicalement,
Thierry, votre voisin du dessous

Incivilité : _____

15. Choisissez une lettre de l'activité précédente, puis imaginez et rédigez une réponse. Vous pouvez justifier l'incivilité commise ou vous excuser.

_____
_____
_____
_____
_____
_____
_____

Les nuisances sonores

16. En petits groupes, faites une liste de cinq nuisances sonores qui vous agacent. Puis, mimez-les (sans un bruit !) devant la classe, qui a 30 secondes pour retrouver de quelle nuisance il s'agit. Le groupe qui trouve le premier gagne 1 point.

17. Écoutez cette chronique radio sur les nuisances sonores, puis répondez aux questions.
71

1. Quelles sont les trois nuisances sonores dont on se plaint le plus en France ?
_____

2. Quelles sont les conséquences des nuisances sonores sur la santé ?
_____

3. Que faire si on est victime de nuisances sonores ? Cochez les bonnes réponses.
☐ Déménager pour préserver sa santé.
☐ Parler à la personne qui en est responsable.
☐ Faire encore plus de bruit.
☐ Déposer une plainte au tribunal civil.
☐ Filmer et enregistrer ce qui se passe.
☐ Téléphoner à la mairie.

Le conditionnel

18. Écoutez cette conversation entre deux amis sur le français au Québec, puis répondez aux questions en utilisant le conditionnel.
72

a. Quel son entend-on quand les Français parlent, d'après ce que disent certains Québécois ?
_____

b. De quoi ont l'air les Français d'après certains Québécois ?
_____

c. Selon certains Français, à quoi ressemble une conversation avec l'accent québécois ?
_____

d. Quels types d'insultes existeraient dans le français du Québec mais pas dans le français de France ?
_____

19. Lisez ces extraits du blog d'un étudiant laotien venu passer un semestre en Suisse au sujet de l'expression française « oh là là ». Reformulez ses affirmations en utilisant le conditionnel.

● ○○○

☰ **UN LAOTIEN EN FRANCE**

Oh là là, quelle histoire !

D'après ce que j'ai entendu dans la rue, dans mon immeuble, à la radio… J'ai l'impression que oh là là peut exprimer plusieurs émotions, pas seulement positives.

— *Oh là là exprimerait plusieurs émotions.*

D'après mes camarades de cours, oh là là est le plus souvent utilisé pour exprimer l'exaspération dans une situation négative. Par exemple : « Oooh là làà, tu as encore oublié ton passeport ? Non mais vraiment ! », avec une voix assez grave.

_____

J'ai aussi entendu dire que oh là là pouvait signifier l'étonnement, mais de façon positive. Dans ce cas-là, le rythme change : on colle les trois mots, et la voix est plus aiguë : « Ohlàlà, regarde ! C'est Laurent Lafitte, là-bas ! »

_____

Il paraît que si on sépare le dernier « là » et qu'on l'accentue en montant la voix, comme une exclamation, on montre notre admiration. D'ailleurs, en voyant mon projet, mon prof d'arts plastiques s'est exclamé : « Oh là LÀ, elles sont magnifiques vos photos ! »

_____

Selon mon amie Fiona, si le « là » est répété, c'est qu'il y a eu une catastrophe ou une bêtise. Je ne l'ai jamais entendu, mais elle m'a dit qu'un serveur avait dit « oh làlàlàlàlàlàlà », après avoir renversé un verre d'eau sur elle et avant de s'excuser.

_____

Les émotions négatives

20. Écoutez cette émission de radio sur la «râlerie», puis cochez les affirmations qui conviennent.

🎧 73

1. Les Français pensent que s'ils étaient aimables...

☐ ils auraient l'air idiot.

☐ ils s'entendraient mieux.

☐ râler leur manquerait.

2. Selon Christine Lewicki, les Français affirment leur opinion...

☐ en étant pour une cause.

☐ en se mobilisant pour une cause.

☐ en étant contre une cause.

3. Les Américains...

☐ n'osent pas se positionner.

☐ affirment leur point de vue en étant pour.

☐ sont beaucoup dans l'opposition.

4. Dans la culture française, on râle...

☐ pour embêter les autres.

☐ pour faire comme dans les films.

☐ pour se sentir exister.

21. Lisez la phrase suivante extraite de l'émission de radio sur la «râlerie», puis reformulez avec vos mots les expressions ci-dessous. Faites des recherches si nécessaire.

« Arrêter de râler, ça veut dire qu'on est un Bisounours et une serpillière. »

Un Bisounours, c'est ....,
donc être un Bisounours signifie
....

Une serpillère, c'est ....,
donc être une serpillère signifie
....

22. Lisez le texte suivant, puis complétez-le à l'aide des mots en étiquettes.

| grognons | broie du noir | grincheuses | déprimant |

| en exprimant sa colère | mauvaise humeur | râle |

Râleurs, on sait où vous êtes !

Une étude a été menée grâce à une application qui a comptabilisé les emojis mécontents dans les messages envoyés par des milliers d'utilisateurs. Cette étude permet de savoir qui .... le plus, et... ce sont les Parisiens qui gagnent.

Au classement des habitants les plus .... de France, Paris occupe la première place, d'après une étude menée par l'application de messagerie instantanée Mood Messenger. Comme de nombreuses applis de messagerie, Mood Messenger permet de personnaliser ses SMS et de les enrichir d'une multitude d'emojis illustrant notre bonne ou .... du jour.

« Pour obtenir ce classement, nous avons eu recours à de véritables algorithmes. Mais nous n'avons pas la prétention de proposer une enquête sociologique, il y a beaucoup de second degré dans notre approche », prévient Saïd Hadjiat, fondateur de l'application.

Ainsi, grâce aux données collectées, nous pouvons dresser le top 3 des villes qui utilisent le plus d'emojis avec des têtes .... Les râleurs gagnants : les habitants de Paris, de Clermont-Ferrand et de Brest. La moitié nord de notre territoire, au temps gris parfois ...., est surreprésentée dans ce drôle de palmarès. La première commune méridionale, Aix-en-Provence, n'est qu'à la 20e place. Marseille, elle, est bien plus loin encore, en 33e position. Cela voudrait-il dire qu'on .... dans le Nord, mais pas dans le Sud ? Selon Saïd Hadjiat, « le soleil doit jouer pour beaucoup. Et dans le Sud, quand on râle, on l'exprime d'une manière différente ». Non pas avec des emojis mais .... de vive voix.

PROSODIE - L'accent d'insistance

23. Écoutez les phrases suivantes et soulignez les syllabes où vous entendez un accent d'insistance.
🎧 74

1. C'est en diminuant les inégalités que la société deviendra plus juste.

2. Ce sont les femmes qui, en général, ont les postes à mi-temps.

3. Avec des postes à responsabilité, les hommes ont le contrôle de l'économie.

4. C'est à l'école primaire que les enfants s'habituent aux traitements inégaux.

5. C'est chez les immigrés qu'il y a le moins de mobilité sociale.

6. Les jeunes qui ont moins d'années d'études ont plus de difficultés à trouver un travail bien rémunéré.

7. Le nombre de pauvres dans le monde a augmenté, surtout depuis une dizaine d'années.

8. Ce sont les conditions de précarité dans leur pays qui obligent les gens à immigrer.

➕ L'accent d'insistance

L'accent d'insistance, contrairement à l'accent régulier du français, se met sur la première syllabe du mot sur lequel on veut insister. Il sert à marquer des mots que le locuteur considère importants pour la compréhension de son message. C'est un accent de durée, mais aussi de force. L'accent d'insistance n'est pas fixe, c'est le locuteur qui décide les mots sur lesquels il veut insister.

24. Répétez les phrases de l'activité précédente en prononçant bien les accents d'insistance.

25. Écoutez les phrases suivantes qui contiennent des accents d'insistance. Puis, prononcez-les en variant la position des accents d'insistance.
🎧 75

1. Ce que les ouvriers demandent, ce sont de meilleures conditions de travail.

2. Tous les enfants de la planète méritent d'être aimés et protégés.

3. Des manifestations ouvrières se produisent dans toute l'Europe.

4. Les femmes du monde entier revendiquent leur droit à un travail bien rémunéré.

5. Il faut que, dès le plus jeune âge, les enfants apprennent à éviter le racisme.

6. Ce dont nous sommes tous sûrs, c'est que le monde est injuste.

7. Nous exigeons qu'il y ait plus de femmes dans les postes à responsabilité.

8. Les jeunes des quartiers défavorisés demandent plus de chances dans la vie.

26. Lisez à voix haute le texte suivant sur un ton neutre. Puis, relisez-le en plaçant des accents d'insistance.

À l'occasion du 8 mars, Journée internationale des femmes, l'ADDS Rive-Sud tient à démontrer ouvertement son appui aux revendications qui sont mises de l'avant en cette journée. Notre équipe se fait un devoir d'appuyer les actions qui visent la libération des femmes et l'amélioration des conditions de vie des femmes.

Récemment, Lise Payette a publié *Le Manifeste des femmes : pour passer de la colère au pouvoir.* Cet ouvrage informe sur l'état actuel de la démarche évolutive des femmes du Québec et sur l'histoire des revendications féministes. On y souligne nos acquis face à nos droits, mais on y inscrit surtout nos revendications. Car en parcourant le manifeste, on se rend compte qu'il existe encore bien des écarts qui nous démontrent que tout n'est pas encore gagné. Le discours de revendication du *Manifeste des femmes* a changé de ton. Au lieu de demander à l'État, nous utilisons le terme « exiger ». Ce qui démontre aux décideurs notre volonté de ne plus jamais reculer, mais plutôt de faire des avancées. Les femmes qui ont construit cet ouvrage exigent plusieurs changements susceptibles de poursuivre notre route vers une réelle égalité pour les femmes.

PHONÉTIQUE - Discrimination

27. Écoutez les phrases suivantes et cochez si vous entendez le son [œ] comme dans *peur* ou le son [o] comme dans *dos.*
🎧 76

	J'entends [œ]	**J'entends [o]**
1.		
2.		
3.		
4.		
5.		
6.		
7.		
8.		

28. Écoutez les phrases et cochez si vous entendez le son [œ]
🎧 77 comme dans *peur* ou le son [e] comme dans *thé*.

	J'entends [œ]	J'entends [e]
1.		
2.		
3.		
4.		
5.		
6.		
7.		
8.		

29. Écoutez les phrases suivantes et cochez si vous entendez
🎧 78 le son [œ] comme dans *peur*, le son [o] comme dans *dos*,
ou le son [e] comme dans *thé*.

	J'entends [œ]	J'entends [o]	J'entends [e]
1.			
2.			
3.			
4.			
5.			
6.			
7.			
8.			

Autoévaluation

Mes compétences à la fin de l'unité 8

Je suis capable de / d'...	J'ai encore des difficultés à...	Je ne suis pas encore capable de / d'...	
			échanger sur les inégalités.
			parler de mouvements contestataires.
			demander, revendiquer.
			échanger sur les incivilités.
			faire respecter ses droits.
			partager une information incertaine.
			s'énerver, râler, réagir à des insultes.

Mon bagage sur cette unité

1. Qu'est-ce que vous avez appris sur la culture française et francophone?

....

....

....

2. Qu'est-ce qui vous a le plus intéressé et/ou étonné?

....

....

....

3. Qu'est-ce qui est différent par rapport à votre culture? Et qu'est-ce qui est similaire?

....

....

....

4. Vous aimeriez en savoir plus sur...

....

....

....

Êtres différents

Le conditionnel passé

1. Écoutez les phrases et cochez si c'est un regret, un reproche ou une information non confirmée.

🎧 79

	Regret	Reproche	Information non confirmée
1.			
2.		–	
3.			
4.			
5.			
6.			

2. Écrivez la liste de regrets et d'autocritiques d'un/e ex-président/e d'un pays à l'aide des exemples donnés. Puis, inventez-en deux autres.

– Instaurer la gratuité dans tous les musées publics.
– Faire plus pour la représentativité des personnes noires à la télé.
– Obliger les entreprises à embaucher plus d'handicapées.
– Augmenter les retraites.
– Prendre des mesures contre le sexisme à l'école.

— J'aurais aimé instaurer la gratuité dans les musées publics.

....
....
....
....
....
....
....

L'hypothèse imaginaire au passé

3. Les humains se sont installés sur Mars. Lisez, puis complétez le discours que Jeanne fait aux premiers arrivants sur Mars dans lequel elle y exprime ses regrets.

Chers amis,
Il y a bien longtemps, si nous avions été plus solidaires, nous .... (pouvoir) sauver la Terre. Si les êtres humains .... (comprendre) plus vite les dangers du réchauffement climatique et .... (se mobiliser), ils .... (ne pas subir) de catastrophes naturelles ni de guerres. Ils .... (vivre) en paix et en harmonie avec la nature. Si tous les pays .... (se mettre) d'accord, ils .... (prendre) les mesures nécessaires à la sauvegarde de la Terre. Si chacun .... (savoir) respecter son environnement, personne ne .... (partir) de notre si belle Planète bleue ! Mais le temps des regrets est derrière nous ! Ne faisons pas les mêmes erreurs sur Mars !

4. Lisez ces phrases, puis imaginez et écrivez la situation inverse, comme dans l'exemple.

1. Les sauveteurs italiens nous ont repérés en mer. Nous avons survécu.
— *Si les sauveteurs italiens ne nous avaient pas repérés en mer, nous n'aurions pas survécu.*

2. Les rebelles sont arrivés dans mon village, alors je suis partie.
....

3. J'avais honte de parler du harcèlement que je subissais au travail. Je n'ai pas porté plainte.
....

4. J'ai vu un reportage sur la traversée des migrants en Méditerranée à la télé. Je suis devenu bénévole.
....

5. Mon père m'a acheté des gants de boxe. Je suis devenue la première fille championne régionale.
....

6. Cette actrice célèbre a témoigné via le hashtag Metoo. La police a enquêté, et son agresseur a été arrêté et jugé.
....

Le langage familier

5. Lisez ce blog d'une journaliste sur le sexisme ordinaire. Puis, complétez-le à l'aide des mots en étiquettes.

dodo   macho   hyper   gamins   boulot

mec   dingue   truc   papa poule

● ○ ○

Le blog d'Anne-Cé

Lundi matin, il faut aller au .... Dans la cuisine, elle remarque les poubelles pleines, son .... ne les a pas sorties. Zut, elle aurait dû le faire la veille. Tant pis, elle prend deux minutes pour les sortir.

En voiture, elle met la radio et entend qu'une jeune fille a été agressée. Quelques chiffres suivent : en France, une femme sur trois a été victime d'au moins une agression sexuelle depuis l'âge de 16 ans. Sérieux ? Ça paraît ...., et ça fait très peur.

Elle arrive au travail .... stressée. Son collègue la salue et, constatant qu'elle ne répond pas, se permet : « Eh ben, t'es plus jolie quand tu souris. Fais un effort quand même ! » Quel imbécile ce mec, un vrai .... ! Elle laisse tomber.

Le midi, elle va manger un .... avec un collègue. Elle commande un burger, tandis que lui choisit une salade. Le serveur se trompe en servant les assiettes... C'est à son collègue qu'on fait goûter le vin aussi...

Après son travail, au supermarché, elle rencontre sa voisine qui lui demande : « Alors, les ...., c'est pour quand ? Vous avez l'âge, et je suis sûre que votre compagnon sera un vrai .... ! » Elle n'ose pas lui dire que son homme et elle ne veulent pas d'enfants.

Une fois au lit, elle repense à ce lundi, elle se dit qu'elle n'a pas à se plaindre, qu'il y a des femmes, ailleurs dans le monde, qui ne sont pas libres comme elle. Pourtant, le sexisme ordinaire, ça la saoule... Allez, au ...., grosse fatigue !

6. Relisez le texte. À quel paragraphe correspondent les préjugés suivants ?

- Les femmes s'occupent des tâches ménagères. N°......
- Les femmes doivent être agréables et de bonne humeur. N°......
- Les femmes mangent moins que les hommes. N°......
- Les femmes sont faites pour avoir des enfants. N°......

Les stéréotypes

7. Lisez cet article, puis complétez-le à l'aide des mots en étiquettes.

situations d'inégalité	stéréotypes	occupent
lance	lutte	sensibilise	soutien
donnent	mentalités	initiative

Québec, contre les stéréotypes

Les jeunes choisissent encore leur métier en fonction des .... : il y aurait des métiers pour les filles et d'autres pour les garçons. Les filles seraient nulles en maths, c'est pour ça que les ingénieurs sont surtout des hommes. Les garçons ne seraient pas assez sensibles pour travailler dans les milieux éducatifs. Les femmes n'................... pas des postes à responsabilité car elles manqueraient de caractère... Tous ces clichés créent des .... et empêchent les jeunes de choisir leur métier en toute liberté. La Table de concertation du mouvement des femmes du Centre-du-Québec (TCMFCQ) .... une campagne auprès des élèves du secondaire. En voici le bilan.

Le projet intitulé *Objectif 100 limites* .... contre les idées reçues et .... les jeunes Québécois à la liberté professionnelle. « Une fille peut être ingénieure et un gars, infirmier », a exemplifié la directrice de la TCMFCQ. Tout au long de l'année, cet organisme a mis en place des ateliers pour faire évoluer les .... Il a notamment travaillé sur des vidéos avec des hommes et des femmes qui .... l'exemple en exerçant des métiers dits non traditionnels. Entre autres, Jany Lehoux, pompière à Kingsey Falls, y est présentée en pleine action. L'................... de la TCMFCQ a reçu un .... financier de 50 000 dollars du Secrétariat à la condition féminine.

8. Écoutez la chronique *Le Décryptage éco* de France info, puis répondez aux questions.
🎧 80

a. Que se passe-t-il pour les femmes françaises à partir du 6 novembre à 15 h 35. Comment cela s'explique-t-il ?
....

b. À quoi correspondent ces trois chiffres ?
9 % – 25 % – 37 %
....

c. Qu'a dit Emmanuel Macron à ce sujet ?
....

d. Que devront faire les entreprises françaises ?
....

9. Réécoutez et cochez les affirmations que vous entendez.

- ☐ Ce sont des féministes qui ont calculé les chiffres.
- ☐ Pour calculer ces chiffres, on a utilisé les statistiques de l'Union européenne.
- ☐ Ces chiffres concernent les domaines de l'industrie et des services.
- ☐ Ces chiffres ne correspondent pas à ceux du gouvernement.

Exprimer la nécessité

10. Observez ce document extrait d'une campagne contre le harcèlement et les comportements sexistes dans les transports. Reformulez les initiatives en utilsant des expressions de la nécessité et en variant l'intensité.

MIEUX PRÉVENIR

 Des « marches participatives » d'usagères pour améliorer la sécurité des femmes dans les transports

 Une campagne de sensibilisation

 L'expérimentation de l'arrêt à la demande des bus la nuit

 La mobilisation des services de l'État sur tout le territoire

UNE RÉACTION PLUS EFFICACE FACE À CES SITUATIONS

 Des services d'alerte téléphoniques plus efficaces

 L'alerte par SMS pour plus de sécurité

 Le développement de nouveaux outils numériques d'alerte et de signalement

 Un travail continu de suivi du phénomène

MIEUX ACCOMPAGNER LES VICTIMES DANS DES TRANSPORTS PUBLICS NON SEXISTES

 Des personnels mieux formés

 Favoriser la mixité dans les entreprises de transport

Lutter contre la diffusion de messages sexistes

— *Il est nécessaire que les bus fassent des arrêts spécifiques la nuit pour les femmes.*

11. Lisez les posts suivants extraits du forum *Bougeons les lignes*. Répondez à chaque question à l'aide des indications données.

BOUGEONS LES LIGNES

La directrice de l'agence ne m'a pas embauchée parce que je suis d'origine asiatique. Dois-je signaler la discrimination au Défenseur des droits ?

Lola, le 12/07/2019

En France, les salaires des femmes sont inférieurs d'environ 23 % à ceux des hommes. L'État doit-il prendre des mesures contre ces inégalités dans les entreprises ?

Luc, le 24/08/2019

Il manque des centres d'hébergement pour les migrants. Faut-il ouvrir plus de places d'urgence ? Les associations doivent-elles mettre en place un système de familles d'accueil ?

Fatou, le 25/09/2019

Mon fils est victime de sexisme à l'école parce qu'il fait de la danse. Est-ce que je dois en parler avec la directrice de l'école ?

Driss, le 14/10/2019

1. Il est nécessaire ....
2. Il est indispensable ....
3. Il est impératif ....
4. Il est primordial ....

Le lexique politique

12. Observez cette infographie simplifiée du système politique français. Complétez-la à l'aide des mots en étiquettes.

gouvernement   élus   Premier ministre

ministres   députés   lois

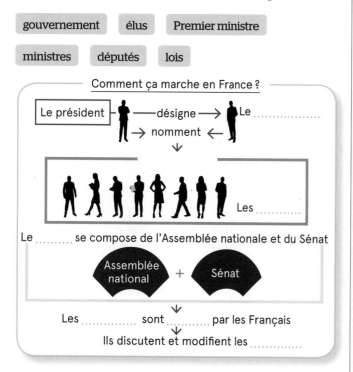

Comment ça marche en France ?

Le président — désigne → Le ....
→ nomment ←

Les ....

Le .... se compose de l'Assemblée nationale et du Sénat

Assemblée national + Sénat

Les .... sont .... par les Français

Ils discutent et modifient les ....

La solidarité

13. Écoutez la première partie de la chronique *Le quart d'heure de célébrité* sur France Inter. Puis, complétez la fiche.
🎧 81

Âge de Kévin : ....
Région d'origine : ....
Profession : ....
Description physique : ....
Rêve d'enfance : ....

14. Écoutez la suite de la chronique et répondez aux questions.
🎧 82

a. Que fait Kévin Ortega ? ....

b. Quels termes utilisent les journalistes pour parler de Kévin et pour parler des personnes dont ils s'occupent ?
....

c. Comment Kévin Ortega est-il surnommé ? À quelle valeur correspond ce surnom ?
....

15. Écoutez la troisième partie, puis répondez aux questions.
🎧 83

d. Pourquoi l'action de Kévin n'est pas un détail, d'après le journaliste ?
....

e. Quel message veut envoyer Kévin en menant cette action ?
....

f. Kévin est-il le seul en France à mener cette action ?
....

Exprimer l'antériorité ou la postérité

16. Lisez cet article sur les étapes de la création d'une loi en France. Soulignez la formulation correcte, en observant les verbes conjugués pour vous aider.

Le parcours d'une loi

Après que / Avant que le gouvernement a écrit un projet de loi, l'Assemblée nationale et le Sénat l'examinent.

Après que / Avant que les parlementaires de la première Assemblée ont discuté du projet de loi, ils l'adoptent, le modifient ou le rejettent. Les parlementaires doivent valider chaque article du projet de loi *après qu' / avant qu'*il soit adopté.

Une fois que / Avant que les parlementaires de la première Assemblée ont adopté le projet de loi, celui-ci est transmis à la deuxième Assemblée qui l'examine selon les mêmes règles.

Après que / Avant que le projet de loi soit adopté, les deux Assemblées doivent être d'accord sur tous les articles du projet de loi.

Après que / Avant que la loi soit appliquée dans le pays, il est possible de demander au Conseil constitutionnel de vérifier si la loi respecte bien la Constitution.

Après que / Avant que le Conseil constitutionnel a contrôlé la loi, c'est presque fini. Il reste une étape : la loi entre en vigueur *avant que / une fois que* le Journal officiel l'a publiée.

17. Relisez le document de l'activité précédente, puis remettez dans l'ordre les étapes de la création d'une loi.

- Examen du projet de loi par les deux Assemblées : ......
- Vote et adoption définitive de la loi : ......
- Contrôle du Conseil constitutionnel : ......
- Écriture de la loi : ......
- Publication dans le Journal officiel : ......
- Entrée en vigueur de la loi dans le pays : ......

18. Écoutez Raymond, un bénévole du collectif Solidarité Migrants 62, puis reconstituez son témoignage en mettant les illustrations dans l'ordre.

84

19. Lisez puis complétez ce post d'une personne qui imagine un pays sans lois ni règles. Utilisez les mots en étiquettes.

n'importe qui   n'importe quoi   n'importe quand

n'importe où   n'importe comment

Monde parfait ou horrible ?

Il y aurait une totale liberté, on pourrait dire ou écrire .... et s'habiller .... Aucune restriction pour exprimer son opinion, donc .... pourrait voter, même un enfant ! Et d'ailleurs, ... pourrait devenir président/e de la République et les parlementaires pourraient changer les lois .... Pas de règles de recyclage ni de tri, chacun ferait ce qu'il veut, ainsi on pourrait jeter sa télé cassée .... On pourrait même prendre des congés payés .... pendant l'année. Et sur le littoral, pas de loi de protection, on pourrait construire .... sur les plages. Alors, rêve ou cauchemar ?

Le subjonctif présent et passé

20. Lisez ces commentaires à propos de l'humoriste qui a entendu des propos racistes pendant son spectacle. Conjuguez les verbes au subjonctif ou à l'indicatif présent.

Jjfuz posté le 12/07/2019

Je doute que l'humoriste .... (dire) la vérité. À mon avis, c'est un coup marketing pour faire le buzz.

Cloclo25, posté le 21/07/2019

Moi, au contraire, je suis sûr qu'elle .... (dire) la vérité. Il y a des gens racistes en France, et ils n'ont pas peur de s'exprimer.

Optimistik, posté le 22/07/2019

Peu importe, vrai ou faux, je trouve ça indispensable que nous .... (discuter) des problèmes de racisme en France. Cette vidéo est une occasion de le faire.

PedroS17, posté le 01/08/2019

Tu as raison, Optimistik, c'est vrai que nous .... (devoir) parler de ça pour que les gens .... (comprendre) que le racisme est idiot !

Ratbajoi, posté le 09/09/2019

Vous vous trompez Optimistik et PedroS17, passer par un mensonge est une mauvaise idée. Gardons à l'esprit que cette histoire .... (pouvoir) se retourner contre les antiracistes.

AnneliseF, posté le 12/09/2019

Je suis d'accord avec Ratbajoi, il faut partager cette vidéo à condition que l'histoire .... (être) vraie.

SuperW, posté le 14/09/2019

Moi je suis tout simplement choquée que vous .... (ne pas croire) cette humoriste ! Pourquoi aurait-elle fait un *fake* ? Je ne crois pas qu'elle .... (remplir) ses spectacles avec cette histoire. C'est une habitude française, ça ! Il faut toujours qu'on .... (remettre) tout en cause et qu'on .... (débattre) de tout ! C'est pénible.

Faris93, posté le 18/09/2019

Bien que je .... (ne pas être) convaincu par son histoire, je pense que beaucoup trop de personnes .... (être) victimes d'actes racistes, sexistes ou discriminatoires en France. Alors, parlons-en encore et encore !

JonS, posté le 20/09/2019

AnneliseF a raison. On ne peut pas faire circuler des *fakes*, c'est important que nous .... (savoir) avec certitude si cette info est vraie.

21. Lisez ces phrases. Qu'expriment-elles ? Utilisez les mots en étiquettes pour répondre. Puis, transformez-les avec un verbe au subjonctif, comme dans l'exemple.

| la concession | la nécessité | un avis positif |
| la condition | l'obligation | la colère |

1. C'est scandaleux, le prix de l'essence a encore augmenté.
— *Sentiment : la colère. C'est scandaleux que le prix du pain ait encore augmenté.*

2. L'État doit faire plus pour lutter contre les inégalités sociales.

3. Si nous réagissons maintenant et changeons nos habitudes, nous pourrons sauver la planète.

4. C'est super, grâce aux réseaux sociaux, les citoyens marocains ont pu dénoncer des problèmes sociaux.

5. Même si les oies sont torturées pour fabriquer le foie gras, beaucoup de Français continueront à en manger pour les fêtes de Noël.

6. Il est nécessaire pour les enfants issus d'une double culture de connaître leur histoire familiale et leurs origines.

22. Conjuguez les verbes entre parenthèses au temps qui convient, puis répondez aux questions sur les thèmes du *Livre de l'élève.*

1. Qu'est-ce qu'un/e employé/e peut faire après que son employeur lui .... (tenir) des propos déplacés ?

2. Qu'est-ce que les enseignants suisses peuvent utiliser après que des enfants .... (se moquer) d'autres enfants au sujet de leurs vêtements ou de leur attitude ?

3. Qu'est-ce que le Premier ministre éthiopien a fait après qu'il .... (arriver) au pouvoir ?

4. Qu'est-ce qui n'existait pas avant que les Nations unies .... (se réunir) en 1948 ?

5. Quel était le problème en Tunisie avant que les députés .... (prendre) la loi du 9 octobre 2008 ?

6. Qu'est-ce qu'a dit le patron à Margaux avant que ses journalistes .... (aller) faire le reportage sur l'armée ?

23. Écoutez l'émission *Reportage France* de RFI, puis répondez aux questions.
85

1. À qui l'initiative du collectif CoExist s'adresse-t-elle ?

2. En quoi consiste-t-elle ?

3. Quel est son objectif ?

4. Cochez la phrase qui résume les paroles de la première personne interviewée.

☐ Les blagues racistes entre amis sont drôles.
☐ Le racisme s'est banalisé, mais ce n'est pas grave.
☐ On rigole du racisme, c'est devenu banal alors que ce n'est pas drôle.

5. Quels sont les mots que vous entendez qui définissent les Français, selon les personnes interviewées ? Cochez les bonnes réponses.

☐ radins	☐ Macron	☐ liberté
☐ hypocrites	☐ alcooliques	☐ fromage
☐ arrogants	☐ gourmands	☐ pain
☐ vin	☐ gentils	☐ citoyens
☐ baguette	☐ République	☐ paresseux

6. Cochez la phrase qui résume les paroles de la dernière personne interviewée.

☐ On veut changer la manière de penser des gens.
☐ On veut faire réfléchir les gens et déconstruire les préjugés.
☐ On veut provoquer le débat entre les gens.

Jeu de l'oie phonétique

24. Lancez le dé, puis avancez le nombre de cases indiqué et faites ce qui est demandé. Si vous tombez sur une case « oie », avancez de nouveau le nombre de cases indiqué par le dé et suivez les consignes. Pour gagner, vous devez arriver à la case « fin » avec le nombre exact de cases indiqué par le dé.

1. Prononcez cette phrase en faisant attention à la liaison : *c'est un grand immeuble.*

2. Dites une phrase dont le rythme est : 3 – 4 – 3.

3. Prononcez cette phrase avec la mélodie : *il faut prévenir le sexisme à l'école.*

4. Donnez 4 mots qui contiennent le son [y].

5. Oie.

6. Donnez 4 mots qui contiennent le son [z].

7. Dites une phrase dont le rythme est 1 – 3 – 4.

8. Dites une phrase qui contient une liaison interdite.

9. Oie.

10. Dites une phrase qui contient une liaison obligatoire.

11. Posez une question qui a une intonation descendante.

12. Dites une phrase dont le rythme est 2 – 2 – 4 – 3.

13. Donnez 4 mots qui contiennent le son [v].

14. Donnez 4 mots qui contiennent le son [j].

15. Prononcez cette phrase en faisant attention aux groupes rythmiques : *mes amis sont partis à Paris pour le week-end.*

16. Oie.

17. Dites une phrase qui contient un enchaîne-ment vocalique.

18. Donnez 4 mots qui contiennent le son [ʒ].

19. Dites une phrase où il y a le son [v] et le son [ʒ].

20. Dites une phrase qui a le même rythme que : *nous irons ce week-end à la plage en voiture.*

21. Oie.

22. Dites une phrase qui contient les sons [z] et [ʒ].

23. Donnez 4 mots qui contiennent la voyelle nasale [ɛ̃].

24. Donnez 4 mots qui contiennent la voyelle nasale [ɔ̃].

25. Dites une phrase qui contient une liaison obligatoire et une liaison interdite.

26. Oie.

27. Donnez 4 mots qui contiennent la voyelle nasale [ɑ̃].

28. Dites une phrase dont le rythme est : 1 – 3 – 2 – 3.

29. Dites 4 mots qui contiennent la voyelle [œ].

25. Écoutez les phrases suivantes, puis répétez-les en faisant attention à bien respecter le rythme, la mélodie, les liaisons et les enchaînements.

🎧 86

1. Pour lutter contre les inégalités, il faut éduquer les enfants dès le premier âge.

2. Il est important pour les femmes de lutter pour de meilleures conditions de travail.

3. Le gouvernement doit veiller au respect des droits des minorités.

4. Il faut que nous participions davantage aux luttes contre les inégalités.

5. La solidarité est une valeur que nous devrions tous respecter.

6. Ce sont parfois les familles qui encouragent le machisme de leurs fils.

7. Il est primordial que les femmes aient accès aux fonctions politiques et que les choses changent dans la société civile.

8. De nos jours, la migration des populations est un phénomène fréquent. Il est important de respecter les droits des migrants.

Autoévaluation

Mes compétences à la fin de l'unité 9

Je suis capable de...	J'ai encore des difficultés à...	Je ne suis pas encore capable de...	
			parler du sexisme.
			faire des hypothèses.
			exprimer des reproches et des regrets.
			exprimer la nécessité.
			parler des droits humains.
			évoquer les formes d'engagement citoyen
			situer des actions dans le temps.

Mon bagage sur cette unité

1. Qu'est-ce que vous avez appris sur la culture française et francophone?

....
....
....
....

2. Qu'est-ce qui vous a le plus intéressé et / ou étonné?

....
....
....
....

3. Qu'est-ce qui est différent par rapport à votre culture? Et qu'est-ce qui est similaire?

....
....
....
....

4. Vous aimeriez en savoir plus sur...

....
....
....
....

DELF

Le DELF

Le Diplôme d'Études en Langue Française (DELF) est un diplôme délivré par le Centre international d'études pédagogiques (CIEP), établissement public du ministère de l'Éducation nationale français. Le diplôme est valable à vie ; il est reconnu dans plus de 170 pays.

Le niveau B1

Le niveau B1 correspond à 180 heures d'apprentissage. Le candidat de niveau B1 est capable de :
- raconter un événement, une expérience, un rêve
- décrire un espoir, un but, un projet
- donner son opinion et la justifier avec des arguments
- exprimer ses sentiments
- exprimer son accord ou son désaccord et expliquer pourquoi
- comprendre les éléments importants de l'actualité (article de journal, journal télévisé, émission de radio)
- faire des propositions, des hypothèses, donner des conseils
- convaincre quelqu'un
- se débrouiller dans des situations imprévues de la vie quotidienne et en voyage dans un pays où la langue cible est parlée
- organiser une présentation ou un discours, dans un ordre logique.

Les épreuves

Nature des épreuves	Durée	Note sur
Compréhension de l'oral (CO) Réponse à des questionnaires de compréhension portant sur trois documents enregistrés (deux écoutes). Durée maximale des documents : 6 min.	25 min environ	25
Compréhension des écrits (CE) Réponse à des questionnaires de compréhension portant sur deux documents écrits : • dégager des informations utiles par rapport à une tâche donnée ; • analyser le contenu d'un document d'intérêt général.	35 min	25
Production écrite (PE) Expression d'une attitude personnelle sur un thème général (essai, courrier, article...).	45 min	25
Production orale (PO) Épreuve en trois parties : • l'entretien dirigé ; • l'exercice en interaction ; • l'expression d'un point de vue à partir d'un document déclencheur.	15 min environ (10 min de préparation pour la 3e partie)	25
Seuil de réussite pour obtenir le diplôme : 50/100 Note minimale requise (pour chaque épreuve) : 5/25	Durée totale des épreuves collectives : 1 h 45	Note totale : 100

Cette épreuve dure 25 minutes environ. Vous allez entendre 3 documents sonores correspondant à 3 exercices.

Pour le premier et le second document, vous avez :

– 30 secondes pour lire les questions ;

– une première écoute, puis 30 secondes de pause pour commencer à répondre aux questions ;

– une seconde écoute, puis 1 minute de pause pour compléter vos réponses.

Pour le dernier document, vous avez :

– 1 minute pour lire les questions

– une première écoute, puis 3 minutes pour commencer à répondre aux questions

– une seconde écoute, puis 2 minutes de pause pour compléter vos réponses.

Pour répondre aux questions, cochez la bonne réponse ou écrivez l'information demandée.

🎧 87 **Exercice 1** Conversation POINTS **6**

Lisez les questions. Écoutez le document puis répondez, en cochant la bonne réponse ou en écrivant l'information demandée.

1. **Pourquoi Léanne ne peut-elle pas aller au concert ?** POINT **1**

   ☐ Elle part en vacances à Toulouse.
   ☐ Elle doit faire un voyage d'affaires.
   ☐ Elle est malade.

2. **Dans quelle ville Arnaud et Léanne habitent-ils ?** POINT **1**

   ....

3. **Léanne va...** POINT **1**

   ☐ garder son billet de concert.
   ☐ vendre son billet de concert.
   ☐ donner son billet de concert.

4. **Face à la situation de Léanne, Arnaud est...** POINT **1**

   ☐ indifférent.
   ☐ surpris.
   ☐ réconfortant.

5. **Quelle bonne nouvelle Arnaud annonce-t-il à Léanne ?** POINT **1**

   ....

6. **La semaine prochaine, Arnaud et Léanne pourront...** POINT **1**

   ☐ rencontrer leur artiste préférée et demander une dédicace.
   ☐ assister à un concert entier sur la Grand-Place.
   ☐ danser avec leur artiste préférée.

🎧 88 **Exercice 2** Émission de radio POINTS **10**

Lisez les questions. Écoutez le document puis répondez, en cochant la bonne réponse ou en écrivant l'information demandée.

1. **Des citoyens qui ont confiance en leurs médias seront des citoyens qui feront de meilleurs choix.** POINT **1**

   ☐ Vrai.
   ☐ Faux.
   ☐ On ne sait pas.

2. **Les mensonges diffusés sur Internet...** POINT **1**

   ☐ n'ont pas de conséquences sur la vie des citoyens.
   ☐ ont peu de conséquences sur la vie des citoyens.
   ☐ ont des conséquences évidentes sur la vie des citoyens.

3. **Les réseaux sociaux...** POINT **1**

   ☐ augmentent la diffusion de fausses informations.
   ☐ bloquent la diffusion de fausses informations.
   ☐ n'ont aucune influence sur la diffusion de fausses informations.

4. **Sur les réseaux sociaux, une «bulle de filtre» permet de montrer les informations...** POINT **1**

   ☐ les plus importantes pour le lecteur.
   ☐ les plus proches de celles connues par le lecteur.
   ☐ les plus éloignées de celles connues par le lecteur.

5. **Une des conséquences des «bulles de filtre» peut être de...** POINT **1**

   ☐ développer les relations amicales et professionnelles.
   ☐ développer l'esprit critique.
   ☐ développer les fausses croyances.

6. **Selon l'auteur, qui peut utiliser le numérique pour manipuler la population ?** POINT **1**

   ☐ Les gouvernements.
   ☐ Les entreprises privées.
   ☐ Les associations caritatives.

7. Quels sont les deux mouvements de protestation qui ont pu prendre de l'importance grâce aux réseaux sociaux ? (2 réponses attendues) POINTS **2**

☐ Les Vestes rouges.
☐ Le Printemps arabe.
☐ Les Hivers européens.
☐ Les Gilets jaunes.

8. Pour exprimer son opinion, quel moyen fonctionne bien sur Internet ? POINT **1**

☐ La publication de photos sur les réseaux sociaux.
☐ La signature de pétitions.
☐ La collecte d'argent.

9. Quelle ville utilise Internet pour améliorer ses services ? POINT **1**

☐ Madrid.
☐ Barcelone.
☐ Séville.

🎧 89 **Exercice 3** Émission de radio POINTS **9**

Lisez les questions. Écoutez le document puis répondez, en cochant la bonne réponse ou en écrivant l'information demandée.

1. Aujourd'hui, dans les supermarchés, on peut trouver... POINT **1**

☐ environ 13 labels bio.
☐ environ 30 labels bio.
☐ environ 130 labels bio.

2. Pourquoi François a-t-il choisi d'acheter bio ? (2 réponses attendues) POINTS **2**

☐ Pour favoriser la production artisanale.
☐ Pour consommer moins de pesticides.
☐ Pour réduire les apports en vitamines.

3. Chaque année, la consommation de produits biologiques en France est... POINT **1**

☐ de plus en plus importante.
☐ de moins en moins importante.
☐ n'évolue pas.

4. Le pays dont les habitants consomment le plus de produits biologiques est... POINT **1**

☐ la France.
☐ les États-Unis.
☐ l'Allemagne.

5. La France produit... POINT **1**

☐ 29 % de ses produits biologiques.
☐ la moitié de ses produits biologiques.
☐ presque les 3/4 de ses produits biologiques.

6. La France achète à l'étranger... POINT **1**

☐ les bananes biologiques.
☐ les vins biologiques.
☐ les œufs biologiques.

7. Tous les produits biologiques dans tous les pays du monde répondent aux mêmes critères. POINT **1**

☐ Vrai.
☐ Faux.
☐ On ne sait pas.

8. Anthony n'achète pas de produits bio car... POINT **1**

☐ il pense que ces produits coûtent trop cher.
☐ il ne comprend pas l'intérêt de manger bio.
☐ il ne connaît pas la provenance de ces produits.

Exercice 1 Annonces · POINTS **12**

Lisez le document.

Vous êtes à Paris pour une semaine et vous souhaitez rencontrer une personne locale pour pratiquer le français à l'oral, apprendre quelques mots et expressions typiques parisiennes ou françaises, et découvrir un côté original et authentique de Paris. Vous êtes disponible seulement le matin pendant deux heures. Vous souhaitez que l'activité ait lieu proche de votre hôtel, au centre de Paris (à côté du Louvre, dans le 1er arrondissement). Vous disposez d'un budget de 50 euros et vous préférez être seul/e pour pouvoir beaucoup parler et poser toutes vos questions. Parmi les quatre propositions des professeurs, choisissez celui ou celle qui vous convient.

---

www.fle-en-contexte.defi.fr

Étudier en France > Annonces > Professeurs

 Élise

Avec Élise, découvrez Paris de manière insolite, et parlez français avec elle et d'autres touristes comme vous ! Avec votre professeure et vos amis d'un jour, vous vous retrouverez à la sortie du métro Palais Royal-Musée du Louvre. Vous vous promènerez dans le centre de Paris et découvrirez les adresses secrètes de cette Parisienne. Vous irez à la rencontre des commerçants et apprendrez quelques mots et expressions utiles pour votre séjour à Paris. Si l'expérience vous intéresse, rendez-vous le lundi ou le mercredi à 9 heures. Prévoyez trois heures d'immersion dans la langue et la culture parisienne.

Tarif : 55 euros par personne.

 Christian

La langue française, vous adorerez.
Paris, d'un autre œil vous le verrez.
Ce beau Paris des poètes français.
Tous les jeudis à la nuit tombée.
Au cœur de Paris dans un café.
Christian vous parlera autour d'un verre.
Des poètes, de Verlaine à Prévert.

Qui ont écrit sur la Ville lumière.
De nombreux poèmes vous pourrez lire.
Enfin, ce sera à vous d'écrire.
Oui, en français, cela va sans dire !

Rencontrez Christian et pratiquez votre français pendant 1 h 30 avec d'autres passionnés comme vous.

Tarif : 45 euros par personne.

 Alex

Alexandre vous donne rendez-vous dans un endroit secret et central de Paris. Tous les jours autour d'un petit déjeuner, vous aurez l'opportunité de parler et de pratiquer votre français dans une ambiance chaleureuse et décontractée. Votre professeur s'adaptera à votre niveau de conversation, car vous serez seul/e avec lui pendant deux heures. Il partagera avec vous ses bonnes adresses pour vivre votre séjour à Paris « comme un Parisien », et après deux heures, vous repartirez quelques phrases utiles pour « survivre » à Paris.

Tarif : 48 euros par personne.

 Sylvie

Sylvie vous propose de passer tout un week-end chez elle, dans son appartement situé en banlieue parisienne. Vous serez immergé/e dans le quotidien d'une Parisienne et partagerez ses habitudes. Sylvie vous incitera à parler et à pratiquer votre français, à la maison ou à l'extérieur lors de vos promenades. Votre professeure dispose de deux chambres indépendantes qu'elle mettra à la disposition de ses invités (2 invités max) Voulez-vous vivre cette expérience unique ?

Tarif : 250 euros par personne.

Pour chaque professeur, indiquez par une croix à chaque fois que sa propostion correspond à vos critères.
(0,5 point par bonne réponse)

	Élise		Christian		Alex		Sylvie	
	Oui	Non	Oui	Non	Oui	Non	Oui	Non
Contenu de l'activité proposée								
Prix								
Lieu								
Horaire								
Taille du groupe								
Durée de l'activité								

Quel/le professeur/e choisissez-vous ? (On retirera 1 point si la réponse n'est pas logique par rapport aux cases cochées.)

· ·

Lisez l'article, puis répondez aux questions.

Soyez narcissiques !

Se prendre en photo, raconter notre vie sur les réseaux sociaux et attendre que quelqu'un nous like, cet amour de soi version 2.0 fait beaucoup parler les sociologues, les intellectuels et les psychologues. Certains y voient un jeu névrotique avec l'image, d'autres le symptôme d'une véritable crise identitaire typique du xxɪe siècle. Mais Fabrice Midal, auteur de *Sauvez votre peau ! Devenez narcissique*, condamne cette vision négative.

Selon l'auteur, nous nous serions trompés sur la définition même du narcissisme qui trouve ses racines dans le mythe de Narcisse. Un mythe mal compris et qui ne désignerait pas ce jeune homme fasciné par son propre reflet et coupable de ne penser qu'à lui, mais un être qui souffre de ne pas se reconnaître et qui apprend à se rencontrer, à se respecter et à se faire confiance.

Les chefs d'État et autres personnalités publiques (artistes, sportifs …) usent et abusent des médias pour «faire leur pub». Alors, pourquoi accepte-t-on qu'ils se fassent prendre en photo et s'affichent partout, alors que nous voyons d'un mauvais œil les personnes plus «normales» qui se prennent en photo ?

Loin d'être un défaut, le narcissisme serait, selon l'auteur du livre, la condition même de l'épanouissement dans une société qui connaît un accroissement de la souffrance au travail comme dans la vie privée. Lorsqu'une personne fait un burn-out par exemple, c'est parce qu'elle «s'auto-surexploite». Elle veut bien faire, mais elle agit au-delà de ses limites jusqu'à l'épuisement.

Gardez cette phrase en tête : «Pour être heureux avec les autres, il faut avant tout être bien avec soi-même!» Être bien et en accord avec soi-même, c'est se connaître, s'aimer et se respecter, c'est oser et accepter d'être soi-même, c'est-à-dire imparfait, et avoir le courage de dire que l'on est et de faire au mieux avec ce que l'on est.

Fabrice Midal rappelle, cependant, qu'il ne faut pas confondre narcissisme et vanité ou nombrilisme. Le vaniteux étale sa satisfaction de lui-même, attend qu'on le rassure et manque de confiance en lui. Le nombriliste n'est centré que sur lui-même. Le narcissique, lui, libéré de la vanité, se fait confiance et est ouvert à l'autre et à la rencontre.

1. L'amour de soi 2.0 est...

POINT **1**

☐ critiqué.
☐ apprécié.
☐ recommandé.

2. C'est un phénomène...

POINT **1**

☐ récent.
☐ ancien.
☐ qui a toujours existé.

3. Certaines personnes font des burn-out parce que...

POINT **1**

☐ elles n'aiment pas leur travail.
☐ elles sont trop exigeantes envers elles-mêmes.
☐ leurs responsables leur donnent trop de travail.

4. Selon l'auteur, une personne vaniteuse...

POINT **1**

☐ manque de confiance en elle.
☐ a trop confiance en elle.
☐ ne fait pas confiance aux autres.

5. Vrai ou faux ? Cochez la case correspondante (X) et recopiez la phrase ou la partie de texte qui justifie votre réponse.

POINTS **9**

	Vrai	Faux
1) Selon Fabrice Midal, le narcissisme est une qualité. Justification :		
2) Fabrice Midal affirme que l'histoire de Narcisse est bien interprétée. Justification :		
3) On tolère que les gens importants et connus soient narcissiques. Justification :		
4) Notre bonheur et bien-être dépendent de nous-mêmes. Justification :		
5) Pour être heureux, il faut chercher à atteindre la perfection. Justification :		
6) Être narcissique est synonyme d'être nombriliste. Justification :		

Cette épreuve dure 45 minutes.

Vous devez exprimer votre attitude personnelle sur un thème général (essai, courrier, article...).

Exercice 1   Essai

POINTS **25**

Vous lisez cette déclaration d'un collectif qui lutte pour l'égalité entre les hommes et les femmes :

« Des injustices persistent dans notre monde moderne, mais la cause féminine a évolué et continue d'évoluer. Il est évident que l'égalité parfaite n'existe pas, mais la société peut s'en approcher et atteindre une certaine égalité d'ici le milieu du xxie siècle. »

Êtes-vous d'accord avec cette affirmation ? Quels sont les changements qui ont déjà eu lieu ? Que peut-on faire pour réduire ces inégalités ? Vous écrivez un texte construit et cohérent sur le sujet. N'oubliez pas d'illustrer vos arguments avec des exemples. (160 à 180 mots.)

Production orale

L'épreuve se déroule en trois parties qui s'enchaînent. Elle dure entre 10 et 15 minutes.
Pour la 3e partie, vous disposez de 10 minutes de préparation. Cette préparation a lieu avant le déroulement de l'ensemble de l'épreuve.

Exercice 1   Entretien dirigé   (2 à 3 min)

Cette épreuve est un entretien avec l'examinateur(trice). L'examinateur(trice) commencera le dialogue par une question. Vous parlez de vous, de vos activités, de vos centres d'intérêt. Vous parlez de votre passé, de votre présent et de vos projets.

Exercice 2   Exercice en interaction   (3 à 4 min)

Lors de cette épreuve, vous devez tirer au sort deux sujets et en choisir un.
Vous jouez le rôle qui vous est indiqué sur le document.

1. Vous êtes en France. Votre entreprise vous propose de participer à un stage de théâtre afin d'améliorer certaines de vos compétences (mieux parler en public, gérer le stress...). Vous demandez à un/e collègue français/e de vous accompagner. Il/Elle ne voit pas l'intérêt de ce stage et vous dit qu'il/elle n'est pas disponible. Vous insistez pour qu'il/elle vous accompagne. L'examinateur(trice) joue le rôle du/de la collègue.

2. Pendant votre séjour en France, vous partagez votre logement avec un/e ami/e français/e. À la maison, il/elle a de mauvaises habitudes quotidiennes pour l'environnement et la planète, et vous n'aimez pas ça. Vous cherchez ensemble des solutions. L'examinateur(trice) joue le rôle de l'ami/e.

Exercice 3   Expression d'un point de vue   (5 à 7 min)

Lors de cette épreuve, vous devez tirer au sort deux sujets et en choisir un. Vous dégagez le thème soulevé par le document que vous avez choisi et vous présentez votre opinion sous la forme d'un exposé personnel de 3 minutes environ. L'examinateur(trice) pourra vous poser quelques questions.

LE BONHEUR EST AU NORD

Le World Happiness Report des Nations unies vient de publier les résultats de la dernière enquête Gallup sur la satisfaction des gens à l'égard de la vie qu'ils mènent. Des centaines de milliers de répondants ont été sondés dans 156 pays. [...] Les quatre pays les plus heureux de la planète sont des pays nordiques : la Finlande, la Norvège, le Danemark et l'Islande [...] Qu'est-ce donc qui rend heureux ?
Sur le plan individuel : une bonne santé physique et mentale, des relations amoureuses, familiales et amicales gratifiantes, un travail stable, rémunérateur et satisfaisant.
Sur le plan collectif : un revenu national décent partagé de façon égalitaire, l'espérance d'une longue vie en bonne santé, la capacité de faire des choix de vie libres, la générosité, l'absence de corruption perçue dans les entreprises et l'État.

Source : d'après www.lactualite.com, le 8 juin 2018

Et vous, que pensez-vous de ces résultats et des critères de bonheur ? Qu'est-ce-qui vous rend heureux ?

STOP AUX MÉDECINES ET THÉRAPIES ALTERNATIVES !

Des disciplines «sans aucun fondement scientifique, nourries par des charlatans et basées sur des croyances promettant une guérison miraculeuse» : voilà comment sont qualifiées les médecines dites «alternatives» par 124 professionnels de la santé et médecins, dans une tribune publiée dans *Le Figaro* le 18 mars 2018. En tête des pratiques visées, l'homéopathie. [...] Les signataires de la tribune regrettent que ces pratiques soient «également coûteuses pour les finances publiques». Vendus en pharmacie, les produits homéopathiques sont partiellement remboursés par la Sécurité sociale.

Source : d'après www.sciencesetavenir.fr, le 19 mars 2018

Et vous, que pensez-vous des médecines et thérapies alternatives ?

AUDIO - UNITÉ 1

Piste 1

• Bonjour Omar Sy.

◦ Bonjour.

• C'est un grand plaisir de vous accueillir sur le plateau de TV5 Monde, vous qui avez triomphé dans le monde entier, vous qui êtes une star, vous qui êtes le Français préféré, selon tous les sondages. Dans ce film *Yao*, étonnant, j'allais dire vous revenez à la source de ce que vous êtes au fond, c'est-à-dire à la source africaine.

◦ Oui c'est un peu ça. C'est vrai que c'est un film qui compte beaucoup pour moi parce que, justement, c'est la première fois que je tourne au Sénégal, et puis il y a aussi surtout le sujet du film, c'est-à-dire le retour aux sources le rapport à la paternité : qui on peut être comme père, qui est notre père, qu'est-ce qu'on laisse, qu'est-ce qu'on retient, toutes ces choses-là sont des sont des valeurs importantes qui me tiennent à cœur. Et Philippe Godeau en parle très très bien dans ce film, donc c'était un peu logique de le suivre là-dedans et de l'accompagner de faire ça avec lui.

• Vous dites, j'avais 40 ans, j'ai 40 ans et je me suis dit c'est le bon moment pour faire ce film-là.

◦ Oui c'est vrai, c'est vrai. Le film on en parle avec Philippe depuis presque six ans maintenant, et il se trouve que, la vie a fait que, on l'a tourné cette année, donc l'année de mes 40 ans et ça tombe très bien. Ça tombe très bien parce que je crois que c'est le bon moment pour jouer ce que j'avais à jouer, pour aujourd'hui vous en parler, je pense que c'est le bon moment.

• Oui. Dire j'ai recolorié mes souvenirs d'enfance, c'est vrai ?

◦ Oui, complètement parce que les souvenirs ils sont quelque part dans nos têtes, et puis au fur à mesure du temps, ça se déteint, ça se floute un petit peu, donc de retourner là aussi longtemps, parce que ça fait longtemps que j'ai pas passé autant de temps au Sénégal. Quand j'y allais, même si ça fait un petit moment que j'étais pas allé, j'y restais une semaine deux semaines maximum. Là on est resté deux mois, deux mois, et puis j'ai voyagé dans le pays comme j'avais pas fait depuis très longtemps, donc ça m'a permis de recolorier mes souvenirs d'enfance, ça s'est reprécisé, on va dire.

• En fait le personnage que vous interprétez, c'est un peu le blanc qui revient, quelque part.

◦ Complètement, complètement ! Mais, il faut savoir qu'on a beau être d'origine sénégalaise, si on n'est pas allé au Sénégal, c'est compliqué. C'est compliqué de s'y retrouver, d'avoir des repères et de comprendre. Si on n'a pas un minimum de repères donnés par nos parents, c'est compliqué, alors c'est pas mon cas, mais je sais que, pour pas mal de mes potes, c'était le cas. Et je suis très content de faire ce film-là parce que je sais qu'il y a beaucoup de personnes qui vont se retrouver là-dedans. Et même pour ma part, même j'ai passé beaucoup de temps au Sénégal, j'y suis pas allé assez souvent pour être là-bas et ne pas être vu comme un Blanc.

• Oui, oui, et d'ailleurs, le personnage, le petit gosse, il dit « t'es un Bounty, t'es un Bounty ».

◦ Oui c'est ça, on se traite de Bounty, c'est-à-dire noir à l'extérieur et blanc à l'intérieur. Donc, on n'échappe pas à ça. Et pour tous les enfants qui sont issus de l'immigration, on a ce problème, c'est-à-dire qu'on n'est pas vus complètement Français en France, mais faut pas croire, quand on rentre dans le pays d'origine, on n'est pas vus complètement de cette origine-là non plus. Finalement on a deux choix qui se présentent à nous, c'est : ou on est chez nous nulle part, ou on est chez nous partout. Et c'est à nous de faire ce choix.

Piste 2

• Bonjour Luc, aujourd'hui vous nous parlez du papy-boom africain. Mais pour commencer, pouvez-vous nous expliquer cette drôle d'expression ?

◦ Eh bien oui, on parle de papy-boom africain car, depuis quelques années, de plus de plus de retraités français choisissent de partir vivre sur le continent africain. En fait, c'est la deuxième terre d'accueil des retraités après l'Europe, avec une préférence pour les pays du Maghreb, le Sénégal et l'île Maurice. Plus d'un million de retraités français vivent à l'étranger, parmi eux 50 % ont choisi l'Europe, et 40 % l'Afrique d'après les derniers chiffres de la caisse nationale d'assurance vieillesse.

• Mais alors, comment expliquer les raisons de ce papy-boom africain ?

◦ Évidemment, on pense tout de suite à la langue et au climat, il y a plein de pays en Afrique où on parle français et où il fait bon vivre. Ensuite, ces destinations sont à quelques heures d'avion de la France, ça rassure les retraités qui savent qu'ils peuvent revenir en France facilement. Enfin, il y a une raison économique, la vie y est moins chère de 20 % à 30 %.

• C'est donc tout ça qui motive nos retraités ?

◦ Non, pas seulement ! En réalité, les raisons du papy-boom africain sont souvent à chercher dans l'histoire familiale. Beaucoup de ces retraités partent pour retrouver leurs racines et renouer avec leur pays natal. Ils n'ont pas forcément la double nationalité, mais ils ont gardé le lien avec la terre où ont vécu leurs ancêtres. Pour eux, c'est un retour aux sources en quelque sorte. Ça concerne surtout les pays du Maghreb ; ainsi, l'Algérie est le premier pays d'accueil avec 360 000 retraités résidents ; ce sont souvent d'anciens travailleurs algériens qui avaient émigré en France dans les années 60 et qui retournent en Algérie au moment de leur retraite. Parmi ces 360 000 retraités installés en Algérie, la moitié sont des femmes, et beaucoup sont des veuves de ces travailleurs émigrés. C'est aussi vrai pour le Maroc, la Tunisie, le Mali et le Sénégal.

• Et bien merci Luc pour toutes ces infos.... Je vais réfléchir à une destination pour ma retraite !

Piste 3

• Bonjour Louise Pluton, il paraît que bientôt nous allons pouvoir voyager dans l'espace ?

◦ Oui, vous aurez même le choix ! Vous pourrez choisir de voyager avec cinq autres passagers pour un vol d'une dizaine de minutes à 100 km du sol et ça vous coûtera seulement 100 000 euros ! Ça sera possible à partir de 2020... Si vous trouvez que dix minutes, ce n'est pas suffisant, alors vous pourrez vous offrir un séjour dans le premier hôtel de luxe spatial, pour 9 millions de dollars ; bon, ce sera pas vraiment un hôtel, mais plutôt une grosse navette de 42 mètres carrés ! Vous serez quatre passagers durant douze jours, ça ressemblera à une mission scientifique car vous pourrez faire des expériences, le tout avec une vue incroyable et seize levers de soleil par jour ! Par contre, il faudra être motivé car, avant de dormir dans l'espace, vous devrez suivre un programme d'entraînement physique pendant trois mois ! Les réservations ouvriront en 2021, et les premiers voyages auront lieu en 2022. Enfin, si les navettes, c'est pas votre truc, vous pourrez prendre un ascenseur installé sur un câble de 96 000 km qui vous amènera directement à une station spatiale. Cet ascenseur ira à une vitesse de 200 km heure et pourra transporter trente personnes en sept jours ! Un voyage de science-fiction dont on ne connaît pas encore le prix ! En revanche,

il faudra être patients, le système ne sera prêt à fonctionner qu'en 2050, en effet l'équipe constituée de chercheurs japonais travaillent encore sur ce projet.
• Merci, Louise Pluton, on vous retrouve vendredi pour une nouvelle chronique spatiale !

Piste 4

1. Mes parents sont nés en Argentine.
2. Ma grand-mère est d'origine libanaise.
3. Mon père vient d'un petit village portugais.
4. Ma famille provient du nord de l'Angleterre.
5. Mes ancêtres sont colombiens.
6. Mes parents sont africains, mais ils se sont connus à Paris.
7. Beaucoup de Français ont des grands-parents étrangers.
8. Marcel Proust évoque ses souvenirs.

Piste 5

C'est tout un processus ! D'abord, nous recevons les informations grâce à des organes récepteurs : les oreilles, le nez, les yeux, la peau et la langue. Ces récepteurs envoient des messages au cerveau qui traite les informations, puis le cerveau les stocke et crée nos souvenirs. Savez-vous que nous avons différentes mémoires ? Par exemple, c'est la mémoire autobiographique qui active les souvenirs d'enfance et qui nous fait revivre des événements que nous avons déjà vécus.

Piste 6

1. J'ai écouté des airs d'opéra.
2. Je travaillais à Montréal.
3. Je parlais bien l'italien.
4. J'ai terminé l'examen.
5. J'ai voyagé à Lyon.
6. J'ai commencé à travailler.
7. Je commentais les nouvelles à la radio.
8. Je mangeais beaucoup de légumes.

Piste 7

1. Les miens sont à gauche.
2. Les siennes sont rouges.
3. Les tiennes ne sont pas là.
4. Les siens arrivent demain.
5. Les miennes ne sont pas jolies.
6. Les siens sont très sympathiques.
7. Les tiennes me plaisent beaucoup.
8. Les siens ne sont pas très grands.

Piste 8

1. Claude est colombien.
2. Joëlle est italienne.
3. Noëlle est Mexicaine.
4. Dominique est portoricain.
5. Daniel est américain.
6. Michèle est canadienne.
7. Gaëlle est marocaine.
8. Michel est cubain.

Piste 9

1. Lilian a parlé avec son grand-père, il l'a interrogé sur son passé.
2. Sophie a fait des recherches généalogiques, puis elle les a transmises à toute sa famille.
3. Mohamed a des grands-parents marocains, il les a vus l'été dernier.
4. Tao a expliqué sa recette du gâteau au chocolat à sa femme, mais elle l'a mal comprise.
5. Laure n'aimait pas la couleur sombre de sa cuisine, alors elle l'a repeinte en jaune.

6. Arnaud a reçu une lettre, mais il ne sait pas qui l'a écrite.
7. Anne-Cécile a demandé à sa fille d'acheter du pain, mais elle ne l'a pas écoutée.
8. La cravate que Ludovic a mise pour le mariage de son frère était rouge et verte.

AUDIO - UNITÉ 2

Piste 10

• Ma fête préférée, c'est l'Escalade à Genève. C'est une fête populaire qui mélange humour et tradition, et que les habitants de la ville adorent fêter ! Elle a lieu le 12 décembre, car elle célèbre un événement historique : la victoire des Genevois contre les soldats du Duc de Savoie qui voulaient prendre la ville. Ça s'est passé dans la nuit du 11 au 12 décembre 1602. Aujourd'hui, les gens se déguisent et les enfants défilent dans la rue en chantant. Et puis il y a une coutume que j'aime beaucoup : on casse une marmite en chocolat qui est remplie de bonbons en pâte d'amande. C'est la personne la plus jeune et la plus âgée qui cassent la marmite, elles disent ensemble : « Et ainsi périrent les ennemis de la République ! » Et là, tout le monde se précipite pour manger les bonbons !

◦ En Belgique, ma fête traditionnelle préférée, c'est le Carnaval de Binche. Bon, c'est pas surprenant, car je suis binchois ! Et je fais partie d'une société de Gilles ! Le Gille est un personnage célèbre du carnaval qu'on reconnaît facilement parce qu'il porte un chapeau en plumes d'autruche qui pèse plus de 3 kilos. Pour devenir Gille, il faut être de la ville de Binche, et dans ma famille on est Gille de père en fils, on en est très fiers ! Le carnaval a lieu en février ou en mars : il commence 49 jours avant Pâques et dure 3 jours. Les Gilles ne sortent que le troisième jour. Ça commence dès 4 heures du matin et il y a tout un rituel à respecter pour la sortie. Ensuite, on se retrouve pour un petit-déjeuner au champagne et aux huîtres, et l'après-midi, il y a un cortège, on danse et on distribue des oranges à la foule.

■ Moi, j'adore la fête d'Hanami où on admire les cerisiers en fleurs. J'ai grandi en France, alors j'ai participé à cette fête la première fois que je suis allée au Japon quand, j'étais adolescente. J'en garde un souvenir magnifique. C'était encore plus beau que dans mes rêves. J'ai adoré la beauté des fleurs roses et blanches des cerisiers. Au printemps, les Japonais ont l'habitude de se promener et de pique-niquer sous ces arbres en fleurs. Ils discutent, ils chantent, il boivent, des fois un peu trop de saké ! Il n'y a pas vraiment de spécialité gastronomique pour cette occasion, mais on trouve des pâtisseries japonaises comme le sakura mochi qui est à base de riz et de pâte de haricots rouges entourée d'une feuille de cerisier.

Piste 11

• À 6 heures 52, c'est l'heure de Redwane Telha. Ce soir, à 20 heures, les programmes de télévision vont s'arrêter...
◦ Et le Président va, comme chaque année, s'inviter dans nos salons à une heure où l'on entame notre soirée. Les vœux présidentiels, une tradition presque aussi vieille que la Ve République. Première allocution de ce type le 31 décembre 1960, De Gaulle apparaît à l'écran pour nous souhaiter la bonne année.
■ Françaises, Français, je souhaite, en notre nom à tous, une bonne année à la France.
◦ Alors, pour ceux qui s'intéressent à la fois à l'histoire de la télévision et à l'histoire de la Ve République, je vous conseille de regarder sur le site de l'Ina les vœux

présidentiels, année après année. Ils sont à la fois des témoins de leur temps et de l'évolution de la manière dont on fabriquait la télé. Au départ, l'allocution était enregistrée dans les conditions du direct. Le général De Gaulle apprenait son texte par cœur et le débitait d'une traite. Et puis, eh ben Pompidou est arrivé au pouvoir, et avec lui de nouvelles techniques de réalisation ont fait leur apparition, le montage notamment, puisque le nouveau président était moins à l'aise face caméra. Il fallait donc tourner plusieurs fois la séquence et faire des coupes pour ne garder que les meilleurs moments.

Piste 12

Au milieu d'une large vallée, il y a une bergerie. C'est un après-midi d'été. Il fait très chaud, toutes les chèvres dorment sous les arbres. Toutes, sauf une, Biquette. Biquette regarde fixement les montagnes. Elle a l'air triste, elle soupire. Tout d'un coup, elle se lève et rentre dans la bergerie. Elle fait sa valise. Sa mère vient vers elle.
– Qu'est-ce que tu fais ?
– Ça se voit, non ?! Je pars, ça me saoule d'être ici.
– Bon, Biquette, je suis ta mère, pas ta copine. Tu ne me parles pas comme ça !
– Ah ! ça va. J'en ai marre, j'ai besoin de liberté...
– Oh, toi et tes envies de liberté... La montagne, c'est dangereux. Il ne faut pas que tu y ailles toute seule.
Biquette ! Biquette, reviens ! Biquette, écoute-moi ! Biquette ! Biquette, elle court, court, court, elle saute au-dessus du mur et disparaît dans les champs.
Elle arrive aux pieds des montagnes, elle monte, monte. Puis, elle rentre dans la forêt. Elle sent l'odeur des sapins. Quand elle sort de la forêt, il y a des champs partout devant elle. Elle danse, elle rit, elle chante... Pendant ce temps, un loup l'observe. Il vient vers elle doucement.
– Mmm... Biquette, tu as l'air si tendre.
– Oh ! S'il vous plaît monsieur le Loup. S'il vous plaît, ne mangez pas ! Laissez-moi rentrer chez ma maman.
– Oh ! Elle veut retrouver sa maman. Soit. Jouons. Si tu me dis trois vérités indiscutables, tu auras la vie sauve.
– Si je dis à ma mère que j'ai rencontré un loup qui ne m'a pas mangée, elle ne me croira jamais.
– Correct. La deuxième.
– Si vous dites à vos amis les loups que vous avez rencontré une petite chèvre toute seule et que vous ne l'avez pas mangée, ils ne vous croiront jamais.
– En plus d'être appétissante, tu es intelligente. La dernière !
– Si vous ne m'avez pas encore mangée, c'est que vous n'avez pas vraiment faim.
– En effet, je viens de manger une biche. Allez ! Pars avant que je ne change d'avis.
Biquette, elle court, court, court, jusque dans la vallée. Elle traverse les champs, elle saute au-dessus et elle se jette dans les bras de sa mère.
– Maman !
– Biquette, tu es de retour ! Mais, tu trembles. Qu'est-ce qui s'est passé ?
– Si je te raconte, tu ne me croiras pas !
– Biquette, je suis ta mère. Je te croirai toujours.
Écouter, croire, c'est notre rôle à toutes et à tous.

Piste 13

• Bonjour Véronique Tadjo.
◦ Bonjour Tewfik.
• *En compagnie des hommes* s'empare donc d'un épisode épidémique qui a touché l'Afrique de l'Ouest entre 2014 à 2016 et c'est un conte aussi. Vous êtes partie d'une tragédie contemporaine pour pouvoir écrire un conte. Un conte qui mêle notre rapport à la nature et qui nous rappelle aussi notre passage sur Terre, nos formes de solidarité et aussi nos faiblesses face à des défis comme celui de Ébola.
◦ Oui, j'ai pensé, enfin, c'est venu tout à fait naturellement, mais le conte a cet avantage qu'il est intemporel, déjà pour commencer. Et aussi, qu'il existe dans toutes les cultures, donc, c'est un genre universel, et c'est un genre qui continue à exister, et qui donne une liberté absolument incroyable, parce qu'on peut parler du présent tout en prenant du passé et aussi une liberté totale au niveau de l'imaginaire. J'allais dire presque, on n'a pas de restriction, on peut faire ce que l'on veut et c'est ça que je trouve merveilleux dans le conte. Ensuite, le conte a plusieurs niveaux de compréhension, c'est-à-dire que les contes ont, en fait, des clés, ce qui fait qu'on peut s'adresser à un public un peu plus jeune, puis après on monte, on monte, on monte et évidemment les adultes, j'allais dire presque, si on veut retourner dans l'Afrique, on va dire les initiés vont comprendre, mais alors complètement le conte.

Piste 14

Café – Un café – Un petit café
Thé – Un thé – Un thé chaud
Bière – Une bière – Une bière glacée

Piste 15

1. Bonjour, dans mon pays il y a beaucoup de traditions.
2. À Noël, les gens échangent des cadeaux.
3. En France, on mange du foie gras à Noël.
4. En Italie, on échange des cadeaux.
5. Au Mexique, les enfants mettent leurs chaussures sous le sapin.
6. Aux États-Unis, pour Noël, ils préparent de la dinde.
7. Au Brésil, il fait chaud à Noël.
8. Chez moi, on se couche tôt.

Piste 16

1. Êtes-vous un bon parent ?
2. Partagez-vous souvent votre temps avec vos enfants ?
3. Allez-vous en vacances avec eux ?
4. Parlez-vous de leurs problèmes ?
5. Savez-vous ce qu'ils veulent faire ?

Piste 17

1. Regarde, quelle bague énorme !
2. Il prend son vol.
3. Je vais mettre une bâche dans le jardin.
4. Ils sont dans le Var.
5. Quel vent agréable !
6. Je m'occupe de son bain.
7. Elle arrive avec son balai.

AUDIO - UNITÉ 3

Piste 18

• Vous écoutez Culture francophonie, et nous parlons de langue aujourd'hui, avec un livre qui vient de sortir et qu'Amélie a lu.
◦ Oui Patrick, j'ai lu Romanesque, le dernier livre de Lorànt Deutsch, publié en 2018 chez Michel Lafon. C'est le troisième ouvrage de Lorànt Deutsch, qui avait déjà raconté l'histoire de Paris au rythme du métro dans son livre Métronome et qui nous avait fait découvrir les routes de France avec Hexagone ! Il s'est cette fois intéressé à la folle aventure de la langue française, des Gaulois à aujourd'hui, dans un livre qui se lit comme un roman.

Il y raconte beaucoup d'anecdotes très intéressantes, dans un style facile à lire. Vraiment, j'insiste, c'est pas du tout ennuyeux! Lorànt Deutsch écrit comme il parle, et on a l'impression de l'entendre quand on lit ses mots. Avec un certain talent de pédagogue, il nous explique par exemple la lente transformation du latin qui devient le roman, une déformation du latin classique. C'est passionnant! Il évoque aussi toutes les langues qui ont enrichi le français au fil des siècles, pour finir aujourd'hui avec les mots venant de la culture urbaine et des nouvelles technologies. Alors, je dois vous avertir que l'auteur ne plaît pas à tout le monde. Ce n'est pas un historien, pas un linguiste, et beaucoup de spécialistes ont déjà publié des articles pour corriger des erreurs du livre. Mais bon... le livre reste très agréable, et il nous montre le français comme une langue très créative, vivante et ouverte, qui n'a jamais arrêté d'intégrer des mots extérieurs. Donc, je vous le conseille, surtout si vous aimez l'histoire et le français.
• Merci Amélie de nous avoir fait partager votre coup de cœur.

Piste 19
• Je croyais que la phonétique, c'était très ennuyeux. Et puis, j'ai eu une prof d'anglais super qui m'a fait comprendre l'importance des sons d'une langue. Depuis, ça me passionne!
◦ Je suis interprète, je travaille au Parlement européen. Depuis toute petite, j'ai toujours été passionnée par les langues. Pour moi, c'est magique de voir qu'un mot ne correspond pas toujours à un autre mot dans une langue différente.
■ Beaucoup de gens détestent ça, mais j'avoue que la grammaire m'intéresse beaucoup. Je trouve que les conjugaisons, l'ordre des mots, tout ça, c'est un système très logique, comme des mathématiques.
◊ J'ai eu un professeur de français qui nous apprenait toujours d'où venaient les mots, leurs origines, il m'a transmis sa passion. Aujourd'hui encore, quand j'entends un nouveau mot, je cherche son étymologie.

Piste 20
1. Je suis complètement de ton avis, certains mots catalans sont similaires au français!
2. Apprendre l'espéranto à l'école? Quelle drôle d'idée!
3. Il faudrait que tout le monde apprenne le latin, je suis tout à fait d'accord avec toi!
4. Mais n'importe quoi! On peut très bien vivre en parlant seulement une langue.
5. Je ne suis pas d'accord. Pour moi, l'anglais est absolument nécessaire.
6. Tout à fait! Ce serait intéressant d'apprendre la langue des signes.
7. Je suis de ton avis. On n'enseigne pas assez les langues régionales.
8. Excuse-moi, mais tu te trompes. Le wolof n'est pas une langue arabe.

Piste 21
Dans cette école en périphérie de Nantes, tous les jeudis, de 17 h à 18 h, Valentine, Pablo, Arthur, et Oscar, apprennent l'espéranto. Nous avons parlé avec les professeurs qui ont monté ce projet, pourquoi ont-ils décidé de le faire? Tous affirment que l'espéranto est facile et utile. C'est une langue logique dans sa grammaire et dans son lexique, cette régularité permet aux élèves de progresser rapidement, et ça motive les élèves pour continuer d'apprendre. L'espéranto favorise aussi l'apprentissage des règles grammaticales de leur langue maternelle, car les enfants arrivent très vite à comprendre les phrases en espéranto. Leur traduction en français représente donc un exercice d'expression dans leur langue maternelle. Et puis, cela permet de faire des échanges avec d'autres élèves dans des pays parfois très éloignés, car il y a des espérantophones partout dans le monde. En conclusion, les professeurs espèrent poursuivre les classes d'espéranto et les ouvrir à d'autres élèves dès la rentrée prochaine.

Piste 22
• Comment vont les langues régionales? La France les reconnaît comme une partie importante de son patrimoine culturel, et pourtant, elles ne sont pas officiellement reconnues. Quelle place ont-elles dans la vie de tous les jours? Nous en parlons avec nos invités, Alain et Brigitte de Marmande, une ville située entre Bordeaux et Toulouse, et Maïté de Bruxelles. Bonjour à tous les trois. Alors, première question, quelle est votre pratique des langues régionales? Alain?
◦ En fait, quand on est arrivés dans la région avec Brigitte, on ne connaissait personne. Nous sommes retraités. À notre âge, c'est difficile de se faire de nouveaux amis, alors on a décidé de s'inscrire dans une chorale qui chante en gascon. C'est un groupe d'amateurs passionnés par leur langue, ils aiment chanter, manger et rire ensemble. Le gascon, c'est nouveau pour moi. Parfois j'ai du mal à mémoriser les paroles exactes, alors je dois encore chanter avec le texte.
• Maïté, vous avez, je crois, la même expérience...
■ Moi aussi, j'ai chanté en wallon, dans une chorale. La chef voulait nous transmettre son amour pour sa langue. Bon, moi je ne parle pas wallon, mais je connais quelques expressions courantes. C'est amusant, ça crée de la complicité entre les gens, on partage des choses. Mais le wallon se perd... En fait, on le chante plus qu'on le parle. J'ai l'impression que les langues régionales sont très liées au patrimoine musical.
• Brigitte, vous partagez cet avis?
♦ Oui, tout à fait! Mais je voulais ajouter une chose: ce qui m'a frappée, c'est les ressemblances entre les langues. Moi, je suis d'origine espagnole, je le parlais avec mes grands-parents quand j'étais petite, alors ça m'aide à comprendre le gascon. Il y a des mots semblables, comme dans toutes les langues du Sud. Je serais beaucoup plus en difficulté si je devais chanter en alsacien!

Piste 23
En 2008, l'ONU avait décidé de célébrer l'année internationale des langues, c'est-à-dire de consacrer toute une année à la diversité des langues. Neuf ans plus tard, l'institution remet les langues en valeur et fait de 2019 l'année internationale des langues autochtones. Il en existe en effet 6700 dans le monde. On le sait, les langues jouent un rôle très important dans la vie quotidienne des peuples. Elles sont un marqueur d'identité, un moyen de communication, et un outil d'éducation et de développement. À travers les langues, les gens participent à leur histoire, à leurs traditions, à leur mémoire collective, ils construisent aussi un avenir commun. Cependant, 40 % des langues du monde sont menacées de disparition. Il s'agit majoritairement des langues autochtones. Leur disparition signifie la disparition d'une culture, une perte inestimable face à la mondialisation. Il ne faut pas oublier que ces langues sont parlées par des peuples autochtones qui ont des coutumes et des modes de pensée unique, qui datent parfois de plusieurs milliers d'années. Leurs langues

enrichissent la mosaïque de la diversité culturelle mondiale. Sans elles, le monde s'appauvrirait. La célébration de l'Année internationale 2019 veut donc promouvoir et protéger les langues autochtones et améliorer la vie des peuples qui les parlent.

Piste 24

Parfois j'imagine une vie différente. Par exemple, si mon père était anglais et ma mère française, je serais bilingue, et ce serait super, parce que je comprendrais parfaitement les chansons des artistes que j'aime ! Je chanterais les vraies paroles de leurs chansons sans dire «lala chicken in the night lalala». Je pourrais aussi regarder mes séries préférées en VO, et je connaîtrais les vraies voix des acteurs. Je ferais des rêves en langue étrangère, peut-être des fois je mélangerais les deux langues. Je souffrirais beaucoup dans les cours de langue, parce que je m'y ennuierais. Mes amis seraient jaloux de moi parce que je comprendrais tout. Je ne les corrigerais pas quand ils font des erreurs, mais je me moquerais d'eux, gentiment. Et puis, si j'étais bilingue, j'apprendrais une autre langue, juste pour voir quel effet ça fait.

Piste 25

Moi j'sais parler	les langues
Toutes les langues, toutes les langues	Moi j'sais parler
Moi j'sais parler	Les langues du monde entier
Les langues du monde entier	J'en savais rien
J'en savais rien	Mais maintenant que tu le dis
Mais maintenant que tu le dis	C'est enfantin
C'est enfantin	Ça va changer ma vie
Ça va changer ma vie	Les spaghettis
J'ai des baskets	Mot qui nous vient d'Italie
Ça c'est un mot en anglais	Les spaghettis
J'ai des baskets	Me mettent en appétit
Pour faire mes p'tits trajets	C'est le yaourt
Un anorak	Mot qui vient de Bulgarie
Mot qui vient des esquimaux	C'est le yaourt
Un anorak	Mon dessert de midi
Pour quand il fait pas beau.	Moi j'sais parler
Moi j'sais parler	Toutes les langues, toutes les langues
Toutes les langues, toutes	Moi j'sais parler
	Les langues...

Piste 26

1. C'est vendredi.
2. Que fait-il ?
3. Je ne sais pas.
4. Je porte une robe verte.
5. Mais, regarde-le !
6. Ce film est très bon.
7. Il part avec son amie.
8. Fais-le !
9. Ce n'est pas bon !
10. Mercredi prochain.
11. Que veux tu ?

Piste 27

Le *lorem ipsum*, aussi appelé «faux texte» est un texte sans aucune signification, utilisé dans le milieu de l'édition et de la presse pour travailler la mise en page d'un document. La plupart des historiens disent que le *lorem ipsum* est utilisé depuis les années 1500. Aujourd'hui, il en existe plusieurs versions, mais tous les lorem ipsum sont des déformations d'un texte latin original de Cicéron. Chaque mot du texte a été modifié, et le texte original a perdu tout son sens. Certains traducteurs ont essayé de le traduire, mais sans succès. Ils n'ont pu traduire que quelques mots isolés. Ce texte a beaucoup d'avantages, car certains mots sont longs, d'autres sont courts, et produisent un texte qui ressemble à une vraie langue. Il permet de rester concentré seulement sur la forme pendant le travail d'édition.

Piste 28

1. Je ferais plein de choses !
2. Il commençait à peine son histoire.
3. Il semblait fatigué.
4. Nous travaillerions plus longtemps comme ça.
5. Vous entendiez très mal.
6. Elles mangeaient au restaurant.
7. Tu parlerais mieux.
8. Vous arriveriez à l'heure.

AUDIO - UNITÉ 4

Piste 29

• C'est un théâtre de marionnettes en bois, on y voit des pièces classiques, comme Roméo et Juliette, mais interprétées par des marionnettes ! Le cadre ancien du petit théâtre permet de passer un agréable moment hors du temps et de boire une bière belge tout en discutant pendant l'entracte. Les marionnettes faites à la main ont un charme un peu ancien, et sont manipulées avec beaucoup de talent. Elles parlent un langage à la portée de tous, même si certaines répliques sont en néerlandais. On croirait presque qu'elles sont réelles ! C'est vraiment un spectacle à ne pas manquer, avec ou sans enfants, et un lieu incontournable pour vivre un bon moment avec les Bruxellois.

○ Guignol est un personnage historique de la ville, et un héros pour toutes les générations. Moi, j'ai retrouvé les souvenirs de mon enfance, et mes enfants l'ont adoré. Ils ont ri, crié, interagi avec la marionnette qui, en plus de ses histoires, commente l'actualité avec humour. J'ai aussi beaucoup apprécié le côté artisanal, familial de la petite salle, dans une petite rue du vieux Lyon. C'est un lieu vraiment plein de charme, un peu hors du temps. Je ne vais pas raconter tout le spectacle, mais c'était 40 minutes de bonheur total. Les lumières, les musiques, les décors, tout est impressionnant... Après le spectacle, nous avons été invités à visiter les coulisses et à échanger avec les artistes, les humains et les poupées ! Ah, et je précise que dans la salle, il n'y avait pas que des Lyonnais, les touristes aussi étaient enchantés.

Piste 30

• Pourquoi tu veux pas aller à l'opéra avec moi ?
○ Tous ces gens qui crient, c'est ridicule, moi, ça me fait peur.
• Bon, ok, ça fait un peu bizarre au début. Mais ils ne crient pas. Ils chantent fort. Il faut accepter les codes. Les costumes des super-héros aussi sont ridicules, mais tu les acceptes...
○ Non, mais c'est très ennuyeux, l'opéra ! Et puis c'est pour les vieux !
• Je crois que tu confonds l'opéra avec ses spectateurs. L'opéra, c'est comme Hollywood. Des histoires qui font rire et pleurer, des dieux qui tombent du ciel, des démons qui sortent des enfers. Ou alors des garçons déguisés en filles, des filles transformées en grenouilles. Il y en a pour tous les goûts, je t'assure, l'opéra, c'est vraiment pour tout le monde !
○ Alors là non, parce que ça coûte très cher !
• C'est vrai qu'il y a certaines salles qui exagèrent. Mais tous

les opéras proposent des offres pour les étudiants. Puis, si t'es pas étudiant, dans la plupart des salles, tu peux trouver des places pour 40 euros environ. Et comme ça dure en moyenne trois heures, tu fais le compte, c'est à peine plus cher que le cinéma ou un match de foot.

○ Ah ouais, super, des chanteurs immobiles sur scène pendant trois heures...

• D'abord, il y a des entractes, et en plus, ça fait longtemps que les chanteurs ne sont plus immobiles sur scène. Dans les mises en scènes modernes, ça danse, ça bouge, il y a des vidéos et des costumes super originaux !

○ Mais je ne vais rien comprendre, c'est en italien ou en allemand !

• Mais non. Tu sais, les gens qui écrivaient les histoires des opéras avaient le même but que les scénaristes de série : divertir le public ou lui provoquer des émotions fortes. Quand c'est bien mis en scène, on arrive à suivre l'action sans connaître l'histoire. Et puis, c'est surtitré. Le texte défile au-dessus de la scène, donc tu peux suivre l'histoire.

○ Mais je ne connais pas la musique classique, c'est pas mon truc.

• Excuse-moi, mais dire que ce n'est pas pour toi avant d'avoir essayé, c'est très bête.

○ Bon, allez, je vais venir une fois pour voir...

Piste 31

• Bonjour Pierre, vous êtes professeur de théâtre à Montréal, quel est votre plus beau souvenir de théâtre cette année ?

○ Écoutez, je vais vous surprendre, mais ce n'était pas du tout un spectacle professionnel, c'est le festival de théâtre lycéen francophone de Pécs, en Hongrie, où j'accompagnais mes élèves.

• Ah bon ?

○ Oui, parce que j'ai vu des jeunes très motivés, et des spectacles très créatifs où le travail du corps avait la même importance que le texte.

• Que voulez-vous dire ?

○ C'est important, parce que dans ce genre d'événement ni les comédiens ni le public n'ont le français comme langue maternelle, alors c'est un peu dur pour tout le monde de faire du théâtre avec beaucoup de texte. Il faut qu'il se passe des choses sur scène, que ce soit très visuel.

• Et qu'est-ce que vous avez vu ? Vous avez des souvenirs ?

○ Oui. J'ai vu un groupe de garçons qui, dans Macbeth, jouaient la forêt qui avance vers le public. Les branches se levaient et se baissaient dans une musique très lente. C'était très beau !

• Vous avez d'autres souvenirs visuels comme celui-ci ?

○ J'ai vu aussi des corps allongés au sol, qui gesticulaient dans une lumière rouge pour représenter l'enfer.

• Je vois. C'est très créatif...

○ C'est génial le théâtre amateur parce que ce sont des troupes qui inventent des choses, parce qu'ils n'ont pas d'argent pour les décors. Et puis ce sont des jeunes, ils ont beaucoup d'énergie sur scène mais, le soir à l'hôtel, ils sont fatigués, alors ils montent et descendent à leur chambre en ascenseur, c'est assez amusant !

Piste 32

1. *Bienvenue chez les Ch'tis* ? J'ai détesté. C'est l'exemple typique de la comédie française pas drôle. Je me suis ennuyé !

2. Pour moi, une des meilleures comédies françaises, c'est *Embrassez qui vous voudrez*, de Michel Blanc. Les dialogues sont très bien écrits, très subtils, jamais vulgaires, et les acteurs sont tous parfaits dans leurs rôles.

3. Moi, je ne me lasse pas de *La Cité de la peur* ! Je ris à chaque fois, même si je connais tous les dialogues par cœur. Je trouve que l'humour absurde fonctionne très bien et que le film a un bon rythme, c'est important, pour une comédie.

4. Le pire pour une comédie, c'est de ne pas faire rire. C'est le cas de *Épouse-moi mon pote*. J'ai pas aimé du tout. Le public dans la salle riait beaucoup, moi pas du tout. Ça m'a vraiment surpris, parce que pour moi, il n'y a rien de drôle dans le film.

5. Une comédie que j'ai trouvée vraiment mauvaise, c'est *Camping*. C'est nul, ça fait pas rire, j'ai vraiment regretté d'avoir payé ma place !

6. Je me souviens d'une comédie que j'avais trouvée courageuse dans les années 90, parce qu'elle luttait contre les clichés, c'est *Gazon maudit*. Ça faisait rire, mais aussi réfléchir, et ça, c'est rare dans une comédie !

Piste 33

Ça fait 20 ans que l'humoriste Pierre Palmade et la comédienne Michèle Laroque font rire le public. Depuis leur premier spectacle, plus d'un million de personnes ont applaudi le fameux duo, en France, mais aussi, plus tard, en Belgique et en Suisse. Tout commence en 1996, avec *Ils s'aiment*, un spectacle humoristique sur la vie de couple, présentant des scènes de disputes dans lesquelles tout le monde peut se reconnaître. Succès immédiat ! Cinq ans plus tard, en 2001, les deux acteurs remontent sur scène avec une suite du spectacle intitulée *Ils se sont aimés*, qui présente des scènes de couples qui divorcent. C'est encore un énorme succès. Succès également confirmé par les ventes de DVD en magasin. Les dialogues commencent à devenir des classiques, et des troupes de théâtre amateur les jouent partout en France. En 2012, le duo revient avec un troisième spectacle intitulé *Ils se re-aiment*, dans lequel le couple essaie de se remettre ensemble. Enfin, en 2016, pour fêter vingt ans de succès, le duo monte une compilation des meilleurs sketchs des trois spectacles dont le titre est *Ils s'aiment depuis vingt ans*. Ils sont accompagnés de Muriel Robin, comédienne et auteure des pièces, ce qui permet de changer la composition du couple chaque soir : un homme, deux femmes, trois possibilités !

Piste 34

• Dans votre édito média, Léa Mariani, vous nous parlez aujourd'hui de télévision et de théâtre.

○ Oui, car France Télévisions et la Comédie-Française ont signé en février 2019 un nouveau partenariat, selon lequel la chaîne de télévision publique s'engage à diffuser des pièces de théâtre, et la prestigieuse institution d'art dramatique s'engage à laisser filmer ses spectacles. Les amoureux d'art dramatique sont contents, et ceux qui n'habitent pas Paris aussi, car c'est l'occasion de voir de grands acteurs dans des pièces classiques et contemporaines. Le théâtre et le petit écran forment un vieux couple, depuis les années 1960. À l'époque, le programme « Au théâtre ce soir », montrait des pièces, filmées dans une vraie salle, mais sans public. Les tournages pouvaient durer trois jours, car filmer une pièce de théâtre n'est pas facile. Où placer la caméra ? Face à la scène, pour respecter le point de vue du public ? Ou bien sur scène, filmant de près les comédiens ? Très vieux dilemme que l'on peut résumer ainsi : plan large ou plan serré ? Le plan large, c'est le théâtre : on voit toute la scène, comme si on était dans la salle. Le plan serré, c'est le cinéma avec les gros plans sur le visage des acteurs. Ce problème de réalisation et de plans se pose aussi dans les grandes maisons d'opéra qui diffusent en direct leurs productions. Il faut des chanteurs qui soient aussi des acteurs, car désormais, on voit leurs visages de près! On s'amuse du mélange des genres que les technologies permettent. Aller à l'opéra, mais dans un cinéma; aller au théâtre, mais dans son canapé. Dans tous les cas, c'est une excellente nouvelle que la télévision publique mette à la portée de tous le théâtre et l'opéra. À l'écran ou sur les planches de théâtre, le spectacle sera vivant!

Piste 35

• Ça fait longtemps que je ne vais pas au théâtre. Qu'est-ce qu'il y a de bien en ce moment?

◦ Au théâtre, je ne sais pas. Mais il y a un festival de contes à Chiny. Ça te dirait d'y aller ce week-end?

• Je ne sais pas, je n'aime pas beaucoup les contes.

◦ Il y a aussi le festival mondial de Folklore à Namur. Ça doit être intéressant.

• Tiens! Ça oui, ça me dirait d'y aller. J'adore les danses folkloriques. On partirait vendredi?

◦ Oui, vendredi vers 17 heures, ça te va?

• D'accord, on se voit à la gare à 5 heures. À vendredi.

Piste 36

L'opéra est né en Italie, à Florence, au XVIIe siècle. Il existait déjà une longue tradition de chant en Italie: les madrigaux, qui sont des dialogues chantés, mais sans les jeux de scène; ainsi que les spectacles de cours de l'époque de la Renaissance. On considère que le premier grand compositeur d'opéra est Claudio Monteverdi. Ce nouveau genre musical se répand dans toute l'Italie et, peu à peu, dans toute l'Europe, d'abord en Allemagne sous l'influence de compositeurs allemands ayant passé du temps en Italie, puis dans d'autres pays, à l'exception de la France, où l'opéra arrive un peu plus tard.

Piste 37

• La semaine prochaine, nous irons à un spectacle de cirque.

• Mes amis et moi aimons beaucoup aller au cinéma ensemble.

• Ce nouveau festival est consacré à la danse.

• L'art vivant est présent dans les rues de la ville.

• Dans toutes les grandes villes du monde, il y a régulièrement des festivals de musique.

• Les spectacles de marionnettes sont appréciés par tous les enfants.

• Le cirque du Soleil est une troupe de cirque connue dans le monde entier.

• Beaucoup de gens n'aiment pas l'opéra.

Piste 38

1. Dans cette pièce, il n'y a que de bons acteurs.

2. Le spectacle dont nous parlions se passe à Madrid.

3. C'est un cirque dont les acteurs sont de toutes les nationalités.

4. Il n'y a rien dans cette boîte.

5. Cet opéra débutera dans deux semaines.

6. C'est un ballet dont je me souviens très bien.

7. Cette comédie, dont le réalisateur est très célèbre, n'est pas géniale.

8. Ce festival aura lieu dans un grand stade.

Piste 39

1. Voilà un joli banc.

2. Ils pensent à elle.

3. Il a des dons.

4. Eux, ils mentent.

5. Ils rangent les étagères.

6. Il est blond.

7. C'est du sang!

8. Il a des dents blanches.

Piste 40

• Bonjour à tous, nous sommes le lundi 24 juin 2019, nous accueillons madame Geek qui va nous parler des nouveautés de la semaine.

◦ Oui, bonjour. Aujourd'hui je vais vous présenter mes quatre applis préférées du moment. Pour commencer, j'ai choisi Witick, une appli qui permet d'acheter, et de valider, des titres de transports en commun (bus ou tramway) directement avec votre smartphone. C'est simple et rapide, vous créez un compte pour accéder à la boutique, vous achetez un ticket en quelques clics. Une fois dans le bus ou le tramway, vous posez votre smartphone sur une borne pour valider votre ticket. Gros avantage: cette appli est compatible avec toutes les marques de smartphone. La ville de Bordeaux a déjà adopté le système! Ensuite, j'aime beaucoup l'appli Muzing, elle met en relation des gens pour visiter une expo ou un musée. L'appli est très intuitive et très bien faite, on sélectionne le musée ou l'exposition et, selon notre géolocalisation, l'appli nous propose des profils de personnes intéressées par les mêmes visites que nous. Une application qui permet de partager un moment culturel à deux... ou plus! Mon troisième coup de cœur, c'est l'appli WeWard. Tout le monde le sait, la marche à pied, c'est bon pour la santé, mais on n'est pas toujours motivé, alors WeWard a eu l'idée géniale de récompenser les marcheurs en fonction du nombre de pas qu'ils font! Comment ça marche? Eh bien, à chaque pas que vous faites, vous cumulez des «wards», une monnaie créée par l'appli. Ensuite, vous échangerez ces wards contre des euros à votre banque, ou contre des produits, des voyages ou des cartes cadeaux dans les boutiques partenaires. Enfin, j'ai trouvé une appli super pratique si vous cherchez un appartement. Avec Hellogoodbail, vous créez votre profil en mentionnant votre âge, votre profession et vos revenus, puis vous montez votre dossier de candidature numérique, c'est-à-dire que vous définissez vos critères de recherche, par exemple, un studio ou un deux-pièces avec terrasse. L'appli vous envoie des annonces qui correspondent à vos critères et, si un logement vous intéresse, vous envoyez votre dossier. Une fois le contact établi, les échanges entre le propriétaire et le locataire se font par messagerie, directement sur l'application. Plus besoin de vous déplacer d'agence en agence, vous gagnez du temps, et vous faites des économies!

• C'est effectivement très pratique! Merci madame Geek, on vous retrouve la semaine prochaine.

Piste 41

Au Togo, les utilisateurs de taxi-motos, les fameux zemidjans, ont désormais une application pour smartphone à leur disposition: GoZem. Lancée par un jeune togolais en partenariat avec une équipe marocaine, elle compte bien conquérir l'Afrique francophone. À Lomé, comme dans beaucoup de villes, pour se déplacer rapidement et pas cher, il y a les taxi-motos, les zemidjan. Mais pour Michel, utilisateur intensif, les inconvénients sont nombreux: sécurité défaillante, fiabilité aléatoire et négociations parfois houleuses. «Moi, je suis quelqu'un qui n'aime discuter avec les zedman, explique Michel. Je n'aime pas les engueulades, non, je n'aime pas ça!» Michel a trouvé la solution à son problème grâce à l'application GoZem, une réservation de taxi-moto géolocalisée par smartphone. « Déjà tu connais le prix avant d'aller à ta destination, précise-t-il. Donc, il n'y a pas de problème entre toi et le chauffeur de GoZem. » Finies donc les interminables négociations sur les tarifs. L'utilisateur connait le prix de la course avant même de monter à l'arrière de la moto. « Nos courses sont facturées au prix kilométrique précise Amin Zindine, le directeur du marketing de GoZem. Aujourd'hui, nous avons une tarification de soixante-douze francs (CFA) au kilomètre. » Les tarifs serrés au plus près ne sont pas les seuls avantages, les chauffeurs GoZem, ils sont déjà 200 à Lomé, reçoivent une formation et doivent respecter une charte de bonne conduite. GoZem arrive sur un marché africain où la mobilité urbaine est en pleine évolution, des solutions comparables existent déjà pour les taxis à quatre roues, à Lagos, Abidjan, ou encore à Goma. À chaque fois, les utilisateurs plébiscitent la fiabilité et la sécurité. À Lomé par exemple, certains chauffeurs de moto-taxi ont la réputation de dévaliser les clients et la nuit, une certaine psychose s'emparent des utilisateurs. GoZem, avec ses chauffeurs enregistrés, rassure aussi sur ce point.

Piste 42

1. • T'as vu ? Il y a des maisons de retraite en France avec des robots pour accompagner les personnes âgées dans leur vie quotidienne. Ça, c'est vraiment une excellente utilisation de la technologie, au service des autres. Et puis, ça va aider le personnel soignant.
   ◦ Franchement, même si les robots sont super pratiques, ça remplace pas le contact humain. Moi je crois qu'à la place de robots il faut que les maisons de retraite engagent plus d'aides-soignants.
   • Je sais pas, il y a des psy qui disent que les personnes âgées participent plus aux activités avec le robot qu'avec les animateurs !
   ◦ Le monde devient fou ! On remplace les gens par des machines !

2. • Waouh, je suis trop fan ! T'as vu le dernier smartphone avec trois caméras ? On va pouvoir faire des photos incroyables ! Moi je trouve ça génial qu'on puisse tout faire avec un seul appareil !
   ◦ Alors, bien que ce soit hyper fun, tu ne crois pas que la fonction première d'un téléphone, c'est de pouvoir joindre une personne ? C'est ridicule tout ça, c'est juste pour te vendre le téléphone plus cher !

3. • Enfin ! Tous les services administratifs seront en ligne en 2020 ! C'est très bien, on perdra beaucoup moins de temps, on ne fera plus la queue pendant des heures pour remplir des papiers, toutes les démarches vont être plus simples.
   ◦ C'est vrai, c'est un progrès. Mais les personnes qui savent pas utiliser Internet, elles vont faire comment ? L'administration pourrait quand même faire quelque chose pour tous ces gens, ils sont nombreux.
   • Bah ! Ils trouveront bien des amis ou de la famille pour les aider !

4. • Je trouve vraiment rassurant que certaines villes commencent à installer des équipements de reconnaissance faciale dans les rues.
   ◦ Pardon ?
   • Bah oui, les caméras peuvent scanner les visages, donc ça permet à la police de repérer les personnes suspectes ou recherchées.
   ◦ T'es sérieux, là ? Tu trouves pas que ce système pose quand

même un grave problème de liberté ? Malgré les problèmes de sécurité qu'il peut y avoir à certains endroits, je ne suis pas d'accord pour qu'on surveille et qu'on fiche tous les citoyens !

Piste 43

• Alors c'est vrai Ali, en avril 2018, le premier musée du selfie a ouvert ses portes aux États-Unis ?
◦ Eh oui, le musée du selfie a ouvert ses portes en banlieue de Los Angeles, aux États-Unis. Il offre aux visiteurs des décors spécialement fabriqués pour prendre des selfies et il attire de nombreuses célébrités et des centaines de milliers de visiteurs.
• Il paraît que les fondateurs du musée voulaient explorer les tendances et les origines de ce phénomène.
◦ Oui, ils voulaient faire un musée instructif. Un lieu qui présente un parcours destiné à faire réfléchir les visiteurs à leur pratique des autoportraits numériques. Le succès ce musée montre toute l'importance de l'autophoto (autre façon de dire « selfie » je vous le rappelle) dans nos sociétés ! Plus sérieusement, on estime qu'environ 1000 selfies par seconde sont pris dans le monde. Bien évidemment, les lieux touristiques concentrent la plupart d'entre eux. On a tous vu sur les réseaux sociaux les mêmes selfies aux mêmes endroits du monde ! Cocorico, la tour Eiffel est le monument le plus photographié et arrive en tête des selfies touristiques sur Instagram. Les agences de voyage ont bien compris le phénomène et le selfie devient désormais un outil de marketing : on voit des concours photos sur le web, des « rallyes selfies » organisés par les offices de tourisme... Certains lieux ont même prévu des installations pour prendre la pose, comme à Bruxelles où la mairie a mis des podiums pour faciliter la prise de selfie. Cependant, attention, faire un selfie peut être une activité dangereuse ! On a tous vu la vidéo où une femme fait tomber et casse des œuvres d'art dans un musée, résultat : 200 000 dollars de dommages. Alors, certains musées ont pris des mesures. Au Louvre, on ne peut pas utiliser la perche à côté de *La Joconde*, et au château de Versailles, la perche est seulement autorisée dans les jardins. Bien plus grave, les selfies peuvent tuer, car certains touristes sont prêts à tout pour une photo réussie. Ainsi au Costa Rica, des voyageurs ont détruit des œufs de tortue, une espèce protégée, pour se prendre en photo sur la plage. En Espagne, un dauphin est mort à cause du stress : des centaines de touristes l'entouraient pour se prendre en photo avec lui. Et il y a malheureusement encore de nombreuses histoires comme celles-ci... C'est devenu tellement grave que des chercheurs indiens ont récemment publié un article, au titre assez amusant, même si le sujet est dramatique : Les selfies font plus de morts que les requins dans le monde ! C'est en effet, le constat d'une étude publiée dans un journal des États-Unis : 259 personnes sont mortes en voulant se prendre elles-mêmes en photo. Alors, plutôt que d'interdire, et pour éviter des accidents stupides, l'Irlande a prévu d'installer des « sièges à selfie » dans des zones touristiques dangereuses. Les touristes pourront s'asseoir dans ces sièges sécurisés pour prendre leur selfie et on nous jure que ces dispositifs n'abîmeront pas la beauté des sites naturels.
• Un sujet qui se passe de commentaires... On hésite entre rire et pleurer. Merci Ali.

Piste 44

Afin d'attirer de plus en plus de touristes, les musées et villes ne manquent pas d'idées ! Les escape game se développent dans de nombreux lieux historiques. Mais concrètement qu'est-ce que c'est ? Eh bien, il s'agit d'un jeu de groupe où les participants doivent résoudre des énigmes ou des problèmes pour sortir du lieu où ils sont. Autre tendance : les chasses aux trésors virtuelles. Voici quelques idées pour vos prochaines destinations ! En 2018, le château de Blois a lancé un escape game historique. À l'intérieur du château, les visiteurs font un voyage dans le temps, se retrouvent en 1588 afin de revivre l'histoire du roi Henri III. À Nice, le musée national du sport a ouvert un escape game pour que les visiteurs connaissent l'histoire des Jeux olympiques. Les villes de Montpellier et de Toulouse ont mis en place l'application Atlantide afin que les touristes apprennent de petites anecdotes sur les monuments et personnages historiques de la ville. Au parc zoologique de Paris, les visiteurs participent à un jeu pour sauver les animaux du zoo ! En effet, 5 animaux ont disparu. Mais lesquels ? Pour les retrouver, les visiteurs forment des équipes et, à l'aide d'un carnet de route, cherchent des indices pendant leur promenade. Enfin, aux Invalides à Paris, chaque joueur, seul ou en équipe, est muni de son smartphone et d'une carte de jeu pour révéler le secret de Napoléon. Autant de moyens ludiques et originaux qui correspondent parfaitement aux attentes des touristes !

Piste 45

1. Quoi ? T'es sérieux ? Notre prof de français a une chaîne sur Youtube ! C'est fou !

2. Waouh, 38 millions de messages envoyés sur WhatsApp en une minute dans le monde, c'est incroyable, non ?

3. Je suis surpris que le musée du selfie t'ait plu ! Il paraît que c'est assez superficiel...

4. Ça m'étonne que mon frère soit devenu accro à Twitter ! Lui qui détestait les nouvelles technologies...

5. T'as réparé ta voiture en regardant un tuto ? C'est pas vrai ?

6. J'en reviens pas ! On est au XXIᵉ siècle et certains jeunes ne savent pas utiliser Internet !

Piste 46

• Bonjour Bonnie, pour votre chronique consacrée aux réseaux sociaux, vous nous parlez de l'anniversaire d'un tout petit média, le Flash Tweet, né sur Twitter donc ! Et dont nous fêtons les 4 ans aujourd'hui. À cette occasion, un sondage a révélé les 3 hashtags les plus marquants de ces dernières années pour les Français.

◦ Oui, Claude, c'est aujourd'hui l'anniversaire de Flash Tweet, mais commençons d'abord par l'histoire de ce tout petit média. Depuis 4 ans, Emmanuelle Leneuf publie ce journal matinal, le Flash Tweet. Cette journaliste qui travaillait pour un magazine hebdomadaire l'a quitté en 2014 et a commencé à s'intéresser à Twitter. Elle a alors eu une idée : proposer un mini journal en 1 400 caractères dans lequel elle rassemble l'info internationale à travers 10 tweets qu'elle a sélectionnés. En quatre ans, il a séduit 53 000 followers. À l'occasion de l'anniversaire de ce mini-journal, Ifop a réalisé un sondage pour connaître les hashtags qui ont le plus marqué les Français depuis 2015, année de la création du Flash Tweet. Et voici les résultats : on trouve en tête le hashtag JesuisCharlie avec 60 % des votes, puis le hashtag MeToo avec 17 %, et enfin le hashtag IceBucketChallenge avec 5 % des votes. Lancé suite aux attaques terroristes du journal Charlie Hebdo en janvier 2015, le hashtag JesuisCharlie a été un symbole d'unité nationale, des millions de Français ont exprimé leur solidarité aux victimes des attaques en postant des commentaires, des dessins, des photos et en organisant

des manifestations dans tout le pays. Vient ensuite le mouvement issu du hashtag MeToo, qui a dénoncé le sexisme et les violences faites aux femmes à travers le monde. Grâce aux témoignages de nombreuses femmes, ce mouvement a fait prendre conscience d'un problème de société majeur et a permis de dénoncer et condamner certains agresseurs. Enfin, grâce au dernier hashtag, IceBucketChallenge, qui semble amusant et enfantin, les associations de lutte contre une maladie neuronale grave ont lancé un appel aux dons et à la solidarité et ont récolté beaucoup d'argent. On voit que Twitter a pris de plus en plus d'importance dans les mouvements sociaux. En France, il est utilisé par 21% des citoyens. 62% d'entre eux disent le consulter au moins une fois par semaine et 40% le font tous les jours. Parmi les utilisateurs, les jeunes entre 18 et 24 ans représentent 41%, et enfin 25 % des utilisateurs sont des cadres diplômés habitant la région parisienne.

Piste 47

• Bonjour Dominique.

◦ Bonjour Arnaud.

• En Afrique, le prix à payer pour surfer sur son téléphone mobile est encore trop souvent exorbitant, c'est ce que déplore acteurs et observateurs du numérique.

◦ Un giga de données coûtent quasiment deux fois plus cher en Afrique qu'en Europe, estime la banque panafricaine Ecobank dans une étude détaillée des prix publiée au début du mois. Sur le continent, le prix médian frôle les six euros le giga avec des pointes extravagantes en Guinée équatoriale à trente euros, tandis qu'il est de trois euros cinquante seulement en Europe. Au Mali ou encore en République démocratique du Congo, le prix médian est de huit euros cinquante et cela pèse très lourd dans le panier des ménages : 20% du revenu mensuel au Mali ou en Sierra Leone, 15 % au Burkina Faso. L'Afrique est toujours le continent le plus cher au monde pour l'accès à l'Internet mobile, conclue de son côté l'Alliance pour un Internet abordable. En Asie, le poste Internet mobile, c'est 1,5% du revenu mensuel, presque 4 % en Amérique du Sud, et près du double en Afrique. Seulement quatre pays africains présentent des tarifs représentant moins de 2 % du revenu conformément au seuil maximal préconisé par les Nations unies.

• Dominique, comment est-ce qu'on peut expliquer ce fossé persistant entre l'Afrique et le reste du monde ?

◦ Pour amener Internet, il faut de l'électricité. Or, beaucoup de pays africains ont encore un réseau sous-développé. Les opérateurs doivent donc ajouter des générateurs, des panneaux solaires pour pallier ces failles, ce qui surenchérit leur coût. Le coût peut aussi augmenter pour les pays enclavés car ils sont éloignés des câbles sous-marins par où transitent les données. Mais, la géographie n'explique pas tout. Ce qui manque surtout en Afrique pour faire baisser les prix, c'est la concurrence, souligne Ecobank. Car les chiffres sont têtus : plus il y a d'opérateurs, plus les prix baissent.

Piste 48

Oui, bonjour. Aujourd'hui je vais vous présenter mes quatre applis préférées du moment. Pour commencer, j'ai choisi Witick, une appli qui permet d'acheter, et de valider, des titres de transports en commun (bus ou tramway) directement avec votre smartphone. C'est simple et rapide, vous créez un compte pour accéder à la boutique, vous achetez un ticket en quelques clics. Une fois dans le bus ou le tramway, vous posez votre smartphone sur une borne

pour valider votre ticket. Gros avantage : cette appli est
compatible avec toutes les marques de smartphone. La ville
de Bordeaux a déjà adopté le système !

Piste 49

1. Internet est un excellent outil de communication.
2. La majorité des français utilise Internet pour faire des
achats.
3. Un nombre croissant de lycéens étudient en regardant
des vidéos sur YouTube.
4. Les réseaux sociaux sont utilisés pour rendre visibles des
causes humanitaires.
5. De plus en plus de français organisent leurs voyages à
travers des sites Internet.
6. Beaucoup de professeurs utilisent des blogs comme
appuis pédagogiques.
7. Le selfie est une forme d'expression sociale.
8. Il y a des sites d'aide pour ceux qui souffrent
d'illectronisme.

Piste 50

1. Il y a un ordinateur pour chacun.
2. Certaines photos sont artistiques.
3. Quelqu'un t'a envoyé un message.
4. Aucune ne me plaît.
5. Certains diront que c'est faux.
6. Rien n'est impossible.
7. Certains n'aiment pas cette appli.
8. Quelques-unes ne sont pas utiles.

Piste 51

1. Mon frère est marin.
2. Il dessine le plan de son studio.
3. Il y a beaucoup de vent.
4. Il a fait peindre sa cuisine.
5. Il lance la balle à son fils.
6. Ils vont atteindre le but.
7. Elle est entourée de saints.
8. Il mange beaucoup trop.

AUDIO - UNITÉ 6

Piste 52

1. • Dis donc, tu as lu ce que la presse belge a annoncé ce
matin ?
◦ Euh non, dis-moi !
• Apparemment, à partir de maintenant, les vingt et une
étapes du tour de France auront lieu en Belgique, et plus du
tout en France !
◦ Quoi ! Impossible ! J'arrive pas y croire... Ah mais attends,
aujourd'hui on est le premier avril...

2. • Brice, Léa ! Il paraît qu'on n'aura pas cours de français la
semaine prochaine.
◦ Ah bon ? Comment ça se fait ?
• J'ai entendu dire que la prof de français venait de trouver un
nouveau travail, à l'étranger.
◦ Mais attends, c'est impossible, elle ne va pas partir comme
ça, du jour au lendemain...
• Il faut que tu arrêtes d'écouter tout ce qui se raconte dans
les couloirs...

3. • Paul, tu es végétarien ou végétalien ?
◦ Végétarien ! Pourquoi ?
• Tu as entendu la dernière à propos de ce type de régime ?
◦ Mmmm... que c'est le régime à la mode ?
• Oui, il y a de plus en plus de gens qui l'adoptent, mais le
truc incroyable, c'est qu'en fait ce serait super mauvais pour
la planète.

◦ Arrête !
• Mais si, je t'assure ! La construction des bâtiments pour
faire pousser les légumes pollue énormément, alors que
l'élevage des animaux, eh bien ça ne pollue presque pas.
Pffff, n'importe quoi, on sait tous que l'industrie de la
viande est une des plus polluantes ! Où tu as entendu ça ?
• Quelqu'un a partagé ça sur Facebook.
◦ Mmmm... vérifie tes sources !

4. • Tu ne devineras jamais ce que mon moniteur d'auto-
école m'a appris !
◦ Il t'a appris à conduire ?
• Bah oui, mais il me raconte toujours des petites histoires
intéressantes quand je suis au volant. Bref, tu sais pourquoi
on roule à droite ?
◦ Vas-y, je t'écoute.
• En fait, avant le XIXᵉ siècle, la norme, c'était de rouler à
gauche, et c'est Napoléon qui a décidé de faire son original
et d'imposer la conduite à droite.
◦ Ah oui, comme ça ! Et puis il a imposé ça à tout l'Empire ?
• Exactement !
◦ C'est marrant ça, je le savais pas !

5. • Qu'est-ce que tu écoutes ?
◦ Un podcast sur l'actu ; là c'est un reportage sur l'Empereur
japonais qui va abdiquer.
• L'Empereur va abdiquer ? T'es sûr ? Ça fait au moins trente
ans qu'il est pouvoir, ça me paraît bizarre !
◦ En général, je fais confiance à cette émission et à ces
journalistes ; ils ont des sources fiables... Ils disent que
l'empereur ne veut pas que ses problèmes de santé aient des
conséquences sur ses fonctions et sur la société nippone.
• Bon, bah c'est pas une infox alors... C'est surprenant en tout
cas !

Piste 53

Au milieu du XIXᵉ siècle, plus de cent ans avant la première
chaîne télévisée d'Afrique francophone, des journaux
voyaient le jour et apparaissaient progressivement dans
de nombreux pays. En 1856, le premier journal d'Afrique
francophone était publié à Saint-Louis du Sénégal. Il
était principalement dédié à l'administration coloniale,
cependant, il a ouvert la voix à bien d'autres publications :
en 1881, la loi française sur la liberté de la presse a été
votée et appliquée au Sénégal, promettant un bel avenir à
la presse écrite. Quelques autres publications ont émergé
à la fin du siècle, mais c'est en 1946, avec la création de la
Société Nationale des Entreprises de Presse que les choses
se sont vraiment accélérées. Le développement d'une
presse gouvernementale a été encouragé et aidé par cette
société française. À la fin des années 50, les journaux se
sont multipliés dans les pays nouvellement indépendants :
Togo Presse, Fraternité-Matin en Côte d'Ivoire, *Le Temps du
Niger* au Niger... Les journaux se multiplient et les genres se
diversifient : en 1977 par exemple, *Le Politicien*, la première
revue satyrique d'Afrique de l'Ouest postindépendance,
est publiée au Sénégal sous la présidence de Léopold
Sédar Senghor. Le Sénégal encourage fortement la presse
indépendante, ainsi, en 1986, l'Union des Journalistes
de l'Afrique de l'Ouest est créée pour garantir que
l'information n'est pas censurée. Les années 1990 sont le
théâtre de beaucoup de changements politiques et d'une
explosion de la presse. Cette dernière se fait critiquer pour
son manque d'objectivité et son côté amateur. Aujourd'hui,
la presse africaine est victime de nombreuses critiques,
mais il faut garder en tête que malgré les troubles politiques
et économiques dans les dix-sept pays francophones

d'Afrique sub-saharienne, au moins vingt publications de qualité ont été créées et sont toujours lues de nos jours.

Piste 54

1. • Tu as une tablette ?
◦ Non, pourquoi ?
• Si tu veux, je te donne la mienne. J'ai décidé de me débarrasser de tous mes objets connectés.
◦ Complètement ?
• Oui, complètement ! Au moins tout l'été, et après l'été j'en reprendrai peut-être un, juste un.
◦ Et pourquoi tu fais ça ?
• J'suis trop accro, je suis toujours en ligne sur les réseaux sociaux. Instagram, Facebook, Tweeter, Snapchat... Il faut que j'arrête, question de santé mentale !
◦ Tu ne peux pas juste éteindre tes appareils et les allumer une seule fois par jour ?
• Non, je n'arriverais pas à me contrôler... Il me faut une mesure radicale !

2. • Vous avez entendu la dernière à propos de la ministre québécoise ?
◦ Celle qui veut donner plus de visas aux étudiants étrangers pour venir au Québec ?
• Euh... non...
■ Ah, j'ai vu ce matin qu'elle voulait organiser un sommet canadien à propos du climat !
• Ah non, je ne parlais pas de ça non plus...
◦ Celle qui est aussi cinéaste et qui a sorti son premier film aujourd'hui ?
• Non plus, non... Celle qui est devenue premier ministre ! C'était partout aux informations !
■ Il y en a tellement des informations, c'est difficile de s'y retrouver...

3. • Tu as entendu parler de l'adaptation de *Game of Thrones* en jeu vidéo ?
◦ Non ! Mais ça doit être génial ! C'est aussi bien que la série ?
• Ça l'est encore plus ! J'ai acheté le jeu samedi matin, et le soir, à minuit je me suis rendu compte que je n'avais pas bougé de mon canapé de toute la journée, c'est super addictif !
◦ Waouh, j'ai trop envie d'essayer ! Et c'est facile à comprendre ? Ou c'est comme la série, avec plein de personnages et d'histoires qui se mélangent... ?
• Comme j'ai rejoué toute la journée dimanche, et jusqu'à tard le soir, j'ai bien compris maintenant, je pourrai t'expliquer si tu veux venir chez moi pour essayer ?
◦ Attends, t'as passé tout ton weekend dessus ? Attention... tu vas te couper du monde et devenir accro !

4. • Oh là là, j'ai pris un mauvais rythme : j'avais pas cours le matin le semestre précédent, donc je me couchais à 3 heures du matin, je me levais à 11 heures... Mais maintenant j'ai cours à 9 heures !
◦ Aïe, le réveil doit être dur !
• Oui, j'ai tendance à rater mes cours du matin à la fac... J'essaye de me coucher tôt mais j'ai du mal à m'endormir... Ça te fait pas la même chose ?
◦ Si, si, ça m'est déjà arrivé, et j'ai une solution ! C'est dur mais ça marche...
• Dis-moi, je t'écoute.
◦ La prochaine fois que tu n'arrives pas à dormir, relève-toi, habille-toi et fais quelque chose. Reste réveillé toute la nuit en fait, jusqu'à la nuit suivante.
• Quoi ! Mais je vais être épuisé le jour suivant ?
◦ Oui, mais dis-toi qu'ensuite, le reste de la semaine, tu vas dormir comme un bébé !

Piste 55

• Fin 2017, début de la polémique à Lyon, Bordeaux et Nantes, quand un décret gouvernemental annonce l'apparition de la publicité... sur les trottoirs ! L'idée était d'essayer, pendant 18 mois, d'habiller les trottoirs à l'aide de marquages éphémères, des types de dessins qui s'effacent au bout de 15 jours et qui ont le même objectif que les publicités normales. Un élu de la mairie de Bordeaux nous explique la situation.
◦ Alors certes, il s'agit de publicité « biodégradable » entre guillemets, qui ne reste sur les trottoirs qu'une dizaine de jours, mais ça reste une invitation à la consommation. Les Bordelais ont immédiatement refusé, bien sûr, d'abord parce que personne ne nous a informés de ce projet, on nous l'a imposé, et ensuite parce que nous avons une ville magnifique, classée au patrimoine mondial de l'UNESCO, alors pourquoi la polluer visuellement avec ces publicités par terre ?
• Lyon, au contraire, commence l'année 2018 avec des trottoirs décorés de pubs en tous genres. Donnons la parole à une conseillère municipale lyonnaise.
■ On voulait savoir si ce moyen de diffuser des messages publicitaires pouvait être un meilleur moyen d'informer, plus discret et moins polluant que des affiches ou des écrans énergivores. Le problème, c'est que c'est devenu incontrôlable, les pubs étaient vraiment partout. L'entreprise responsable de l'affichage de ces pubs ne respectait aucun accord, alors on a décidé de mettre fin à l'expérimentation six mois avant la fin officielle.
• Fin 2018, les trottoirs des villes françaises sont de nouveau nus, gris, sans marquage publicitaire. Une victoire pour certains, une défaite pour les publicitaires... et les écolos, comme le collectif Biodegr'AD :
♦ C'est dommage, on a renoncé à une autre méthode d'informer qui a un coût environnemental plus faible que celles qu'on utilise actuellement. Le message a été mal compris, le but était de remplacer les flyers, les affiches, les écrans par des dessins éphémères et non-polluants, et non d'inciter à consommer.

Piste 56

• Depuis toujours, la planète est gouvernée par des hommes-lézards. Les scientifiques ont prouvé que certains animaux préhistoriques, en particulier les reptiles, avaient évolué vers des formes humaines intelligentes. Maintenant, ils ont le contrôle de nos institutions, de notre argent et de nos esprits. D'ailleurs, un énorme pourcentage de la population a déjà vu des signes physiques de reptiles chez certains chefs d'État, chez les banquiers ou chez certains propriétaires de gros groupes médiatiques.
◦ Vous avez remarqué que les avions laissent toujours des marques blanches dans le ciel après leur passage ? Eh bien, nous avons la preuve que ces longues trainées sont faites de produits chimiques. Ces marques blanches, appelées chemtrails, en français des traînées de produits chimiques, sont dangereuses pour l'humanité. Elles ont été créées par les agences gouvernementales dans le but de contrôler la population, par exemple, en diffusant des virus et des bactéries, en modifiant le climat pour nous affaiblir... Plusieurs choses qui nous affaibliront ou causeront notre mort.
■ L'homme est-il déjà allé sur la Lune ? Si oui, alors je me demande pourquoi on n'a envoyé que des robots après la mission Apollo de 1969. Pourquoi on n'a pas envoyé d'autres hommes sur la Lune ? Une fois, et puis c'est tout ? Je vous assure qu'en 1969 les États-Unis n'avaient pas la

technologie pour envoyer leurs astronautes sur la Lune, c'est pour ça qu'ils ont créé de fausses photos et vidéos et qu'ils ont fait disparaître toutes les vraies preuves. C'est le célèbre réalisateur de film Stanley Kubrick qui a été chargé de mettre en scène les premiers pas de l'Homme sur la Lune.

Piste 57
• Les réseaux sociaux jouent un rôle important aux élections.
• Grâce à nos camarades, nous oublions nos problèmes quotidiens.
• Dans un blog, un petit oubli n'est pas très grave.
• Il faut un grand effort de communication de la part des autorités.
• La presse est un grand allié de la société.
• Les enquêtes d'opinion nous aident à comprendre la société.
• Les infox sont un ennemi de la démocratie.
• Il y a de plus en plus d'infox sur Internet.

Piste 58
• Ce sont des études difficiles à suivre, et elles sont chères en plus!
• Nous sommes très étonnés de voir son attitude.
• Il part avec sa copine en Hollande.
• C'est vraiment incroyable qu'ils aient fait ça sans nous prévenir.
• Vous avez composté votre billet avant de monter?
• On est souvent interpellé par des inconnus dans la rue.
• La publicité mensongère est une affaire de tous.
• Elle écrit un mail à ses représentants. Les onze lui ont répondu.

Piste 59
1. C'est mon coussin.
2. C'est une belle ruse!
3. Il est deux heures.
4. Ça, c'est du poisson.
5. Je l'ai cassé.
6. J'adore ce dessert!
7. Elles sont douze.
8. Je préfère les sombres.

AUDIO - UNITÉ 7

Piste 60
○ Une journée normale c'est une journée plastique, la vôtre, la mienne... ça ressemble à quoi tous les jours? La douche d'abord, il se trouve que, moi, j'adore le savon, donc tout va bien! Au passage il paraît que c'est pas bon pour la peau, mais c'est une autre histoire. Sinon, shampooing, dans une bouteille plastique: moins un. Le dentifrice, dans un tube en plastique: moins deux. Le déo, personnellement, moi j'ai un truc à bille, donc en plastique: moins trois. Le petit déj', si vous achetez le pain frais la veille, tout va bien, on se débrouille pour le lendemain donc plus un. En revanche, le pain de mie pour les jours où vous n'avez pas trop eu le temps ou qu'il faut aller très vite, le pain de mie est dans du plastique: moins quatre. Un yaourt, en plastique: moins cinq. Le café...j'avoue la dosette: moins six. Avec un peu de lait dedans, bing la bouteille: moins sept. S'habiller avant de partir, quand même! Ce qui est synthétique, donc à peu près tout ce qu'on porte, le synthétique c'est du plastique, donc moins huit. Au boulot, encore un café. Chez nous, encore une dosette, et oui on est cinq dans le bureau, boum: moins neuf. On a des verres et des tasses quand même: plus un. À midi, pour ceux qui vont à la cantine, on veut pas savoir ce qui se passe dans les cuisines avec les contenants

des produits, forcément, mais si on va en face dans un magasin dont on ne dira pas le nom, les sandwichs sont sous plastique donc moins dix points. Le bar à salade a des récipients en carton depuis très peu de temps. Sinon, plastique: moins onze. D'ailleurs les couverts sont en plastique aussi, emballés dans du plastique, boum boum, boum: moins douze, moins treize. D'ailleurs les sacs en papier ont aussi un peu de plastique pour qu'on voie ce qu'il y a à l'intérieur, et vous avouerez que c'est quand même un comble, boum: moins quatorze! Ce soir, rebelote, donc. Là-dedans, il y a quand même beaucoup chose dont on peut se passer, si on fait un peu d'effort, sans pour autant aller jusqu'à sacrifier beaucoup de choses et sans y mettre beaucoup de temps. C'est pour ça qu'on est là ce soir: pour partager nos solutions simples. Le plastique, non merci! Toute la journée sur France Inter, et ça se poursuit ce soir. Et bienvenue.

Piste 61
Vous ne connaissez sans doute pas Rémi Camus. Cet homme a pourtant accompli un exploit sportif, le tour de France à la nage. Mais ce n'est pas pour cet exploit qu'il est connu, mais plutôt pour sa prise de parole sur l'état des mers. L'explorateur Rémi Camus a en effet confié avoir nagé dans de véritables «soupes de plastique» au large des côtes françaises. Certains lieux ont particulièrement choqué le sportif aux frontières de l'Hexagone. Le premier se situe dans le Pays basque, entre le port de Bayonne et celui d'Hendaye, à la frontière espagnole sur la façade Atlantique. Rémi Camus a en effet été confronté à une «soupe de plastique» de 40 kilomètres de long sur 3 mètres de profondeur, le tout à 700 ou 800 mètres de la côte. La cause de ce désastre environnemental? Une décharge à ciel ouvert en bordure de littoral espagnol. Autre cas similaire tout aussi préoccupant entre le cap d'Antibes et Nice, à la frontière italienne, au niveau de la superbe baie des Anges. Pragmatique, Rémi Camus appelle les autorités à réagir. Témoin direct de ces milieux naturels menacés, le nageur déclare que la «Méditerranée est une poubelle», et ajoute, sans aucune diplomatie «Les gens y contribuent parce que les gens sont des porcs». Un cri d'alarme qui doit nous faire réfléchir, car les déchets, qu'ils viennent d'Espagne, de France ou d'Italie, sont un problème pour la mer Méditerranée. L'état de la Méditerranée est en effet très préoccupant. Le WWF la classe même comme la mer la plus polluée du monde. C'est une mer quasi-fermée, le renouvellement de ses eaux a lieu tous les 90 ans. Mais, la destruction totale d'une particule de plastique prend plus de cent ans. Par conséquent, le plastique s'accumule. Pour donner une idée des quantités, chaque jour 700 tonnes de déchets plastique (soit 200 000 tonnes par an) sont rejetées. La Méditerranée orientale est la plus concernée mais les courants poussent les déchets vers la Corse et vers la Méditerranée occidentale. Cependant, c'est toute la Grande bleue, comme on l'appelle, qui est polluée. Enfin, rappelons que l'impact de cette pollution est en réalité plus écologique et sanitaire qu'esthétique. Les sacs plastiques tuent des animaux marins tels que les tortues ou les dauphins. Ils sont aussi mangés par des poissons, que nous, humains, mangeons...

Piste 62
• Bonjour à tous. La pollution plastique contamine toute notre planète. Pour lutter contre ce fléau, des idées concrètes fleurissent un peu partout. Nous avons sélectionné quelques initiatives sur le continent africain.

○ Oui, nous partons d'abord en Algérie avec une initiative appelée #TrashtagChallenge, dont le principe est simple : sur une plage, sur les bords d'une route ou d'une rivière envahie par les déchets, les participants à ce défi se prennent en photo sur le lieu plein d'ordures, pour ensuite le nettoyer. Les photos avant/après ont inondé les réseaux sociaux. À l'origine de ce défi écolo devenu viral, un algérien de 27 ans : Younes Drici Tani. Depuis plusieurs années, ce militant écologiste organise des collectes de déchets et des actions de sensibilisation au recyclage.

• Direction le Ghana, à Accra, la capitale du pays.

○ Oui, où l'entreprise Nelplast transforme les sacs plastique en asphalte, afin d'en faire des pavés pour les routes et les trottoirs. Après l'annonce de l'interdiction des sacs plastiques par le gouvernement en 2017, l'ingénieur Nelson Boateng est parti d'un constat dans son pays : seuls 2 % des déchets plastique seraient recyclés chaque année.

• Au Sénégal aussi on recycle !

○ Effectivement ! Bouteilles, bidons, bouchons et autres pots de yaourts sont échangés contre de l'argent. Un kilo de plastique peut rapporter 75 Francs CFA, quelques centimes d'euros. C'est le groupe Proplast qui rachète ces déchets. Une fois pesés et récupérés, ils sont transportés vers une usine de transformation pour devenir des produits du quotidien, dont certains sont revendus dans les kiosques de collecte.

• Direction l'Égypte, en compagnie d'un recycleur mélomane.

○ Le musicien Shady Rabab a créé une association intéressante. Primé par l'ONU en tant que "jeune champion de la Terre" pour l'Afrique, ce recycleur mélomane apprend aux jeunes comment transformer les ordures en instruments de musique. D'une simple bouteille en plastique, il crée une flûte ou des maracas. Le musicien écologiste de 28 ans veut réunir les enfants ramasseurs d'ordures de Louxor, au Sud de l'Égypte, en un conservatoire de musique d'ordures.

• Et nous terminons notre petit voyage au Kenya.

○ Le Kenya, où un bateau traditionnel, appelé dhow, a été construit sur l'île de Lamu. Sa particularité ? Il est entièrement recouvert de milliers de tongs récupérées sur les plages et les bords de routes kényans. Dix tonnes de plastique fondu puis compressé pour que le bateau flotte. Le voilier, baptisé Flipflopi, a navigué sur plus de 500 kilomètres, du Kenya vers la Tanzanie. Une expédition pour sensibiliser à la pollution plastique des côtes est-africaines.

Piste 63

Une soixantaine de youtubeurs français ont lancé, le lundi 5 novembre 2018, une campagne afin d'inciter leurs abonnés à se mobiliser pour protéger l'environnement et lutter contre le dérèglement climatique à travers des gestes simples. Ces influenceurs de la toile encouragent leurs suiveurs à adopter des gestes écologiques et consacrent leurs vidéos à des défis pour réduire leur impact sur l'environnement. Par exemple, "Vous pouvez baisser le chauffage et mettre des pulls, ça c'est vraiment très, très simple à faire", estime l'humoriste Norman. Les youtubeurs ont bien compris une chose : ils ont une influence incroyable sur la population, car ils regroupent des dizaines de millions d'abonnés. Ils ont donc une responsabilité pour alerter la population. En France, le nombre d'abonnés à leurs vidéos représente 2,5 millions de personnes. Mais attention, ces youtubeurs désirent surtout sensibiliser ces millions de personnes aux problèmes écologiques, ils ne veulent pas se transformer en donneurs de leçons. Responsabiliser les gens, oui, les faire culpabiliser, non !

Piste 64

Tous les gastronomes et les gourmets qui nous écoutent n'ont peut-être pas une conscience écologique très développée, et peut-être qu'ils se moquent bien de l'avenir de la planète. Cette chronique pourrait les sensibiliser à l'écologie. Oui, chers amateurs de foie gras et d'omelettes aux truffes, de spaghetti al tartuffo et autres recettes sophistiquées, vous pouvez vous inquiéter, car des chercheurs prédisent une diminution de 78% à 100% de la production de votre champignon préféré d'ici la fin du siècle. La truffe noire, cet ingrédient de luxe, pourrait même totalement disparaître d'ici 2100 selon les calculs des deux scientifiques britanniques. En cause ? Le changement climatique, bien sûr, qui provoque l'augmentation des températures et des périodes de sécheresse. Cette réalité pourrait avoir un énorme impact économique, écologique et social. L'étude dont je vous parle est la première à analyser les probables conséquences des dérèglements climatiques sur la truffe noire européenne, la Tuber melanosporum pour les amateurs de noms scientifiques. La disparition de la truffe pourrait même survenir encore plus tôt, si on prend en compte des catastrophes indépendantes du changement climatique comme les feux de forêt, les animaux ravageurs et les maladies. Ce qui est sûr, c'est que nous verrons un jour les conséquences du changement climatique directement dans notre assiette. Personnellement, je ne suis pas encore prêt à remplacer les truffes par des insectes !

Piste 65

1. Toussaint Bobo élabore des sacs à main.
2. Avec cette initiative, il gagne bien sa vie.
3. Huit élèves du lycée Kléber ont décidé de se mobiliser.
4. Il faut éliminer les emballages plastique inutiles.
5. La nature est incontrôlable.
6. Cet ingénieur analyse les effets de la pollution.
7. Il visite une plage au nord de Hammamet.
8. Il faudrait interdire les assiettes en plastique.

Piste 66

1. Le manque d'eau pourrait provoquer un conflit armé.
2. Le développement industriel a obligé l'homme à consommer de plus en plus.
3. Le changement climatique nous oblige à réfléchir à notre consommation.
4. Le cinéma américain présente souvent des situations catastrophiques.
5. La pollution est un défi important.
6. J'ai entendu dire que la température est montée d'un degré.
7. Un nouveau règlement antipollution a été approuvé.
8. Nous devons faire des progrès importants en termes d'écologie.

Piste 67

1. Les effets de la pollution se voient partout.
2. Les matières biodégradables constituent un grand espoir pour l'environnement.
3. Les animaux marins sont affectés par nos déchets.
4. Nous voyons des déchets tout au long du voyage.
5. Les humains doivent se soucier de toutes les autres espèces.
6. Nous sommes les responsables de nos actions contre la nature.
7. Des ingénieurs français auraient inventé un plastique biodégradable.
8. Il y a de plus en plus de déchets plastique dans les mers.

Piste 68

Je me permets de vous écrire suite à votre article sur les prophéties de Nostradamus qui m'a un peu choquée. Je crains, en effet, que beaucoup de vos lecteurs comprennent mal votre intention et associent le réchauffement climatique aux délires d'un voyant de la Renaissance. Le réchauffement climatique est une chose sérieuse. Face aux théories climatosceptiques, je tiens à vous faire part de mon inquiétude devant les conséquences alarmantes de la hausse du niveau de la mer, qui sont dans le Pacifique Sud une réalité très concrète. J'ai l'impression qu'en Métropole le réchauffement climatique inquiète assez peu et qu'on est plus préoccupé par l'astrologie que par la montée des eaux. La situation que nous vivons ici devrait pourtant vous préoccuper, car tous les territoires seront tôt ou tard touchés. Les nôtres le sont déjà. Certains villages ont les pieds dans l'eau, et l'inquiétude grandit dans tout l'archipel : les enfants ont peur des grosses vagues, les anciens craignent les tempêtes de plus en plus fréquentes, et certaines familles quittent le littoral pour les montagnes, car ils ont peur que leurs maisons disparaissent. Chez moi, quand le vent souffle fort, on dirait que la mer mange la côte, c'est effrayant !

Piste 69

1. J'ai acheté deux cages.
2. C'est une page blanche.
3. Ce sont des mailles.
4. C'est une belle fille.
5. Il fait de la nage.
6. C'est une grosse faille.
7. Il a un grand âge.
8. Il est à Marseille.

AUDIO - UNITÉ 8

Piste 70

• Bonjour à tous et bienvenus dans *Ça va mieux en le disant* votre émission hebdomadaire qui dit tout haut ce que vous pensez tout bas. Avant d'accueillir nos invités, je vous propose d'écouter les messages que vous nous avez laissés cette semaine sur le répondeur de *Ça va mieux en le disant*.

◦ Salut, moi c'est Marcel, je suis de Charleroi en Belgique. J'ai entendu aux infos de ce matin que le conseil Régional pensait faire construire une centrale nucléaire juste à côté de chez moi. C'est inacceptable, on ne peut pas prendre des décisions comme ça sans demander l'avis des locaux ! De toute façon, si les dirigeants ont déjà décidé tout ça, je sais que mon appel ne va rien changer, mais voilà, j'avais juste envie de partager mon mécontentement...

■ Allô allô, ici Anna, habitante de Montigny-le-Tilleul, pas loin de Charleroi. On a tous appris la nouvelle, la construction d'une centrale nucléaire dans la région : c'est révoltant ! On ne peut pas accepter ça, c'est pourquoi j'ai organisé une manif samedi, à 10h, pour tous ceux qui s'opposent à ce projet. On va partir de la mairie de Charleroi, rejoignez-nous !

♦ Bonjour, j'espère que tout le monde nous écoute ce soir parce qu'on va avoir besoin de beaucoup de voix pour se faire entendre ! On connaît les risques d'une centrale nucléaire, il faut absolument s'y opposer radicalement, dès maintenant. Il faut que toute la région arrête immédiatement de travailler et se révolte avec ses moyens. Tout est permis, nos vies sont en jeu !

◇ Bonsoir tout le monde, je suis ingénieure spécialisée dans le nucléaire et j'appelle parce que j'entends autour de moi plein de gens inquiets après l'annonce de la construction de la centrale. Bon, je ne sais pas si vous vous rendez compte, mais les risques d'accidents sont très, très faibles. La centrale ne va pas exploser, il y a énormément de mesures de sécurité, rassurez-vous. Moi j'aimerais bien que la mairie de Charleroi organise une réunion là-dessus, et je serais ravie de détailler les mesures de sécurité.

Piste 71

• On a tous souffert un jour de nuisances sonores, aujourd'hui nous faisons un point sur ce problème avec notre journaliste Annie-Laure Romain, qui s'est intéressée à la question. Annie-Laure, quels bruits dérangent le plus les Français quand ils sont chez eux ?

◦ En appartement, ce sont d'abord les bruits des voisins du dessus, les bruits de pas au plafond ! Mais, si vous habitez dans une maison ou à la campagne, ce sont peut-être les bruits des animaux qui vous dérangent : les chiens, les coqs... qui sont numéros deux au classement des bruits dont on se plaint le plus en France. En troisième arrivent les appareils pour l'air conditionné, les climatiseurs, ces machines qui produisent un bruit de fond pendant parfois très longtemps.

• Bon, mais est-ce que vous pensez qu'on s'habitue à tous ces bruits ?

◦ Pas vraiment non, le risque est que ça devienne de plus en plus agaçant. Et ça, ça ne fait pas que nous mettre de mauvaise humeur : c'est aussi mauvais pour notre santé. Je m'explique : trop de bruit fait secréter l'hormone du stress. Vous savez quand on dit que le stress donne des cheveux blancs ? Ça vient du fait que le stress nous fatigue, fatigue notre cœur, ce qui peut provoquer des maladies cardio-vasculaires.

• Donc, il vaut mieux agir !

◦ Tout à fait ! Et bon, la méthode la plus simple, c'est d'abord d'aller parler à son voisin du dessus qui garde ses chaussures à l'intérieur, ou au propriétaire du chien qui aboie, pour régler ça à l'amiable. Après, si le responsable ne change rien et que le bruit persiste, vous pouvez appeler la mairie, qui va envoyer un agent. Il va s'occuper de constater le bruit avec un sonomètre, un appareil qui mesure l'intensité du son. Vous pourrez ensuite utiliser ça comme preuve et déposer une plainte au tribunal. Votre voisin risquera alors une grosse amende, jusqu'à 450 € ! Le but, c'est de dissuader de refaire du bruit par la suite.

• En effet, c'est dissuasif ! Merci Annie-Laure !

◦ Merci à vous !

Piste 72

• Alors Mariette, c'était comment le Québec ?

◦ C'était génial ! J'y suis restée un an, mais j'aurais aimé rester encore plus longtemps !

• C'est vrai que les Québécois disent que, quand les Français parlent, tout ce qu'on entend c'est « tudutudutudu » ?

◦ J'ai entendu ça à une ou deux reprises, oui ! Je crois que certains disent aussi que les Français ont l'air bourgeois et snobs, qu'ils parlent avec la bouche assez fermée et le petit doigt en l'air.

• Haha, sympa notre image à l'étranger !

◦ Ouais ! Ils m'ont demandé si les Français se moquaient d'eux aussi !

• Ah ouais ? Tu leur as dit quoi ? Que certains Français imitent les conversations avec l'accent québécois en faisant « pintintouin » avec une grande bouche ?

◦ Quoi ! Mais, j'avais jamais entendu ça ! Tu sais, l'accent québécois c'est dans le nez, ça peut être très nasillard.

• T'as dû apprendre plein d'expressions qu'on n'a pas ici ! Il paraît que les insultes québécoises sont des termes religieux... tu dois en connaître pas mal !

Piste 73

• Europe 1, La vie devant soi. Isabelle Quenin

○ Bonjour et bienvenus à tous. On est ravis de vous retrouver avec un thème effectivement cet après-midi très concernant puisqu'on va parler des râleurs, donc on va parler de nous ! En moyenne, on râle entre 15 et 30 fois par jour, c'est même une spécificité française. Jean Cocteau disait de nous : « Les Français sont des Italiens de mauvaise humeur. » Il y a même un sondage publié récemment et qui révèle que 41 % des Français pensent qu'ils passeraient pour des imbéciles s'ils étaient aimables. Vous voyez donc qu'on a du pain sur la planche. Cet après-midi, on va arrêter de râler avec une spécialiste Christine Lewicki, qui a consacré plusieurs livres à ce sujet. Le dernier s'appelle *J'arrête de râler au bureau*, paru chez Eyrolles. Alors, je disais dans le sommaire que râler était une spécificité, une spécialité française, c'est vrai ou c'est faux ?

■ C'est vrai et c'est faux ! Enfin, il ne faut pas... Ce qui est vrai, c'est qu'en France, d'un point de vue culturel, on a l'habitude de s'affirmer, de montrer qu'on a une opinion, de montrer qu'on s'intéresse, de monter qu'on s'investit, et on a tendance à exprimer notre point de vue en étant contre. Tandis que, c'est vrai que moi je vis aux États-Unis, et je constate que souvent je suis entourée de personnes qui vont affirmer leur point de vue, qui vont se positionner, mais plutôt en étant pour. Pour une cause, pour quelque chose à défendre, plutôt que d'être contre quelque chose auquel on n'adhère pas.

○ Est-ce que râler n'est pas aussi une posture ? Par exemple, je prends... c'est Michel Audiard qui fait dire à Jean Gabin dans le film *La Mélodie en sous-sol*, donc on est dans les années 60, donc c'est pas très récent, mais il lui fait dire : « L'essentiel, c'est de râler, ça fait bon genre. » C'est bien, un râleur, ça le pose. Tout de suite, il a une existence à part dans la société, dans le groupe.

■ Exactement. Et moi, je fais souvent référence au film *Ridicule*. Je ne sais pas si vous vous souvenez de ce film avec Fabrice Lucchini, où c'était un peu tout l'art oratoire d'écraser les autres et de se mettre supérieur. Et donc, c'est vrai que, dans la culture française, on a cette tendance à râler non pas... je pense que personne ne râle pour saouler tout le monde ou personne ne râle pour... mais on râle pour exister. Très souvent, quand je parle de la thématique de *J'arrête de râler*, y en a qui disent, oui, mais ça veut dire qu'on va devenir des serpillières ! Ça serait un peu ça. Râler, ça veut dire qu'on est investis, et arrêter de râler, ça veut dire qu'on est un Bisounours et qu'on est une serpillière qui se fait marcher sur les pieds. Donc il y a cette croyance, et on est attachés à la râlerie comme un moyen d'exister.

Piste 74

1. C'est en diminuant les inégalités que la société deviendra plus juste.
2. Ce sont les femmes qui en général ont les postes à mi-temps.
3. Avec des postes à responsabilité, les hommes ont le contrôle de l'économie.
4. C'est à l'école primaire que les enfants s'habituent aux traitements inégaux.
5. C'est chez les immigrés qu'il y a le moins de mobilité sociale.
6. Les jeunes qui ont moins d'années d'études ont plus de difficultés à trouver un travail bien rémunéré.
7. Le nombre de pauvres dans le monde a augmenté, surtout depuis une dizaine d'années.
8. Ce sont les conditions de précarité de leurs pays qui obligent les gens à immigrer.

Piste 75

1. Ce que les ouvriers demandent, ce sont des meilleures conditions de travail.
2. Tous les enfants de la planète méritent d'être aimés et protégés.
3. Des manifestations ouvrières se produisent dans toute l'Europe.
4. Les femmes du monde entier revendiquent leur droit à un travail bien rémunéré.
5. Il faut que, dès le plus jeune âge, les enfants apprennent à éviter le racisme.
6. Ce dont nous sommes sûrs, c'est que le monde est injuste.
7. Nous exigeons qu'il y ait plus de femmes dans les postes à responsabilité.
8. Les jeunes des quartiers défavorisés demandent plus de chances dans la vie.

Piste 76

1. C'est le cœur de l'histoire.
2. C'est du faux.
3. C'est son problème.
4. Elles sont des sœurs.
5. Écris-lui un mot.
6. Un peu de douceur, ça fait du bien.
7. Elle le pleure tous les jours.
8. Il a mal au dos.

Piste 77

1. Ce sont ses sœurs.
2. Les triangles ont trois côtés.
3. Elle joue une dame de cœur.
4. Ce sont des masseurs professionnels.
5. C'est une histoire de fées.
6. Mon frère a une épée de chevalier.
7. Je l'ai écouté.
8. Le héros meurt à la fin du film.

Piste 78

1. Ce sont des peurs inutiles.
2. Il est embarrassé et gêné.
3. Elle travaille trop.
4. Ils ont des peurs.
5. Elle le vaut.
6. Ce sont mes valeurs.
7. Ma mère est fatiguée.
8. C'est du faux.

AUDIO - UNITÉ 9

Piste 79

1. T'aurais quand même pu aller faire les courses, je travaille moi aussi !
2. On aurait radié ce médecin parce qu'il aurait tenu des propos déplacés à ses patientes.
3. J'aurais aimé devenir footballeuse professionnelle mais mes parents n'étaient pas d'accord.
4. Le mouvement social se serait développé grâce au hashtag StopCnimportequoi.
5. Vous n'auriez pas dû dire ça à votre collègue, c'est méchant.
6. Il aurait voulu vivre sa vie en toute liberté, sans se cacher, mais il ne l'a jamais fait.

Piste 80

- Bonjour Fanny Guinochet.
- Bonjour Marc, bonjour à tous.
- À partir d'aujourd'hui à 15h35 précisément, les femmes françaises travaillent donc gratuitement jusqu'à la fin de l'année.
- Oui, ça tient aux écarts de salaires importants qui subsistent avec les hommes. C'est un club féministe, Les Glorieuses, qui a fait le calcul, pays par pays, et qui a estimé pour la France, cette année ce serait à partir du 6 novembre, 15 h 35. Alors Les Glorieuses se sont basées sur les chiffres d'Eurostat, l'organisme de statistique de l'Union européenne. Elles ont pris la différence de moyenne horaire brute de rémunération entre les femmes et les hommes, dans tous les secteurs, que ce soit dans l'industrie ou les services, et elles l'ont convertie, en nombre de jours ouvrés. Et leur résultat n'est ni plus ni moins le même que ceux que donnent les chiffres du ministère de Travail, puisque à travail égal, les femmes françaises gagnent toujours 9 % de moins en moyenne que les hommes. C'est un écart qui atteint 25 % pour l'ensemble d'une carrière, et 37 % au moment de la retraite !
- Alors le gouvernement a promis, comme tous ses prédécesseurs, j'ai envie de dire, d'en finir avec cette discrimination.
- Oui alors, Emmanuel Macron a quand même tenu à faire de l'égalité homme-femme une cause nationale, et il veut taper fort puisqu'il veut obliger les entreprises à publier les écarts de salaire entre les femmes et les hommes, histoire de savoir où il y a des différences flagrantes et s'il y en a. À partir du 1er janvier prochain, les entreprises auront trois ans pour se mettre en conformité, sans quoi la sanction sera quand même financière : elle pourra s'élever jusqu'à 1 % du chiffre d'affaires.

Piste 81

- Le quart d'heure de célébrité à présent. Frédéric Pommier. Ce matin, celui qui est célèbre, c'est un jeune coiffeur de Provence.
- Il s'appelle Kévin. Kévin Ortega, et cette semaine, c'est M6 qui lui a consacré un très beau reportage. Ensuite j'ai découvert que d'autres chaînes et des radios avaient aussi parlé de lui ces derniers mois. Il a 29 ans, l'accent qui chante, le sourire, et une barbe brune impeccablement taillée. Il habite Aubagne, mais c'est dans un salon de Marseille qu'il travaille, salon où les coiffeurs portent tous un nœud papillon. Quand il était gosse, Kévin Ortega ne rêvait pourtant pas de porter un nœud papillon, pas plus qu'il ne rêvait de devenir coiffeur, non : c'est pompier qu'il voulait être – pas exactement le même uniforme.

Piste 82

- 89-92, il était tout bébé. À l'époque, Kévin, Kévin Ortega, un bébé confié par les services sociaux à une famille d'adoption quand il n'avait que quelques semaines. Des sœurs, une maman polonaise et un papa pied-noir, dont il dit qu'ils ont été des parents exemplaires. Et eux-mêmes considèrent qu'ils ont bien éduqué leur fils, car lui également donne l'exemple.
- Il soigne les plus précaires, les plus abimées, ceux qui vivent dans la rue. Kévin Ortega... Il est coiffeur et s'occupe des sans-abris à Marseille. Lorsqu'il ne travaille pas en salon, sur son temps de repos, eh bien Kévin Ortega maraude avec tondeuse, ciseaux, rasoir et nœud papillon. Il propose ses services aux sans-abris qu'il croise dans la rue. En un an, il a coupé les cheveux de plus de mille sans-domicile pour qu'ils se sentent beaux et reprennent confiance en eux. Kévin Ortega effectue des maraudes un peu particulières dans Marseille. Muni de ses paires de ciseau, il va à la rencontre de ses sans-abris pour leur proposer une coupe de cheveux gratuitement. Un élan de générosité, d'humanité.Celui qu'on appelle désormais le coiffeur au grand cœur. Kévin n'a pas fini d'arpenter les rues de Marseille avec son grand cœur et ses ciseaux. Grâce à lui, ces personnes sans domicile fixe retrouvent un peu de leur dignité et beaucoup de chaleur humaine.
- Grâce à ses ciseaux, Kévin Ortega apporte donc de la chaleur. Et ceux qu'il coiffe disent qu'ils disent qu'ils retrouvent avec lui un peu de leur dignité, un peu d'estime de soi, quelques grammes de confiance. Parce que Kévin leur parle, il leur pose des questions et prend soin d'eux comme on le fait dans un vrai salon. L'ambiance n'est pas la même, c'est sûr. L'ambiance, c'est celle de la rue. Là où vivent, survivent ces hommes et ces femmes qui l'ont donc surnommé « le coiffeur au grand cœur ».

Piste 83

- Kévin s'installe sur un trottoir, demande parfois aux commerçants de brancher une rallonge, puis il s'emploie à rendre ces femmes, ces hommes les plus beaux possible ! Ce n'est pas un détail, le visage, les cheveux. Bien coiffé, on est plus à l'aise pour s'adresser aux gens, aux travailleurs sociaux, à un éventuel employeur. L'idée lui est venue en voyant la vidéo d'un collègue anglais qui faisait ça dans les rues de Londres... Kévin s'est dit : moi aussi, je vais coiffer les sans-abris... Ce garçon est un généreux. Pendant dix ans, il a fait du bénévolat aux Restos du Cœur. Et si, désormais, il coiffe ou rase les plus démunis dehors, quel que soit le temps qu'il fait, c'est aussi pour envoyer un message aux passants. Tenter de changer leur regard. Il veut leur dire : « Vous voyez, il n'y a pas de crainte à avoir. Les sans-abris, on peut leur parler, les toucher, leur caresser le crâne. » Et puis il sait aussi que tout le monde peut se retrouver à la rue. Lui-même a vécu quelques temps dans sa voiture. Période difficile de sa vie. Sachant que son initiative solidaire n'est pas pour autant solitaire. Kévin a lancé un mouvement qu'il a nommé « Coiff in the street ». Un mouvement déjà rejoint par une quinzaine de coiffeurs à travers le pays. À Toulon, à Toulouse, à Paris, à Narbonne... Je ne sais pas d'où il est tombé, mais c'est un garçon merveilleux

Piste 84

Avant que je devienne bénévole pour Solidarité Migrants 62, j'étais déjà dans une autre association qui s'appelle Le Carillon. Mais après que j'ai vu un reportage à la télé sur les migrants à Calais qui dormaient dehors, j'ai contacté le collectif. Avant que le premier réfugié vienne à la maison, j'ai eu un entretien avec les bénévoles. Ils m'ont expliqué comment le collectif fonctionnait. Une fois que j'ai parlé avec eux, la semaine d'après, j'accueillais un jeune pakistanais pour le week-end. Bien sûr, avant qu'il arrive à la maison, j'ai aménagé une chambre pour lui, je voulais qu'il se sente accueilli. Une fois qu'il est arrivé à la maison, Hadi (c'est comme ça qu'il s'appelle) a cuisiné un plat de son pays et il m'a raconté son histoire. Il était content de venir chez moi pour dormir au chaud et se reposer. Il est venu passer plusieurs week-end à la maison. Un jour, il n'a plus donné de nouvelles. Je me suis dit qu'il avait réussi à passer la frontière. En effet, trois mois plus tard, il m'a contacté. Il allait bien, il était chez ses cousins en Angleterre.

Piste 85

• On commencer l'intervention ensemble, on va vous donner des feuilles, O.K.? Sur chacune de ces feuilles, vous allez avoir des mots. Donc ces mots représentent des personnes. On va vous demander de mettre toutes les associations d'idées qui vous passent par la tête, d'accord?

○ Arabes, Français, musulmans, juifs, Noirs ou immigrés, voici quelques-uns des mots extraits de la liste adressées aux élèves de cette turbulente classe de seconde. Seuls face à leur feuille, ils laissent libre cours à leur imagination et se confrontent aussi à leurs propres préjugés.

■ En fait quand on écrit ce que l'on pense, ben on prend conscience que c'est faux, quoi! On n'écrit pas forcément des choses qui sont vraies, mais c'est des choses qu'on entend énormément à travaers d'autres personnes, et même nous-mêmes parfois. Je trouve que les sujets de racisme, c'est trop banalisé, alors que ça ne devrait pas. On fait même des blagues en utilisant du sexisme et du racisme, et on en rigole tous, alors qu'au fond c'est pas marrant.

♦ Y a trop d'Arabes dans la classe.

◊ Raciste!

○ Après l'écriture, vient le temps du débat. Répartis en quatre groupes, les trente-cinq élèves échangent leur point de vue. Une animatrice les accompagne dans leur réflexion.

• Alors, sous le mot «Français», vous avez mis quoi? Est-ce que tu peux les redire s'il te plait?

■ Alors on a mis «gentil, hypocrite, fromage, citoyen, république, baguette, Gilets jaunes, nonchalant, *iencli*, Macron, alcoolique».

• Tout le monde est d'accord? Donc pour vous, les Français, ils sont tous hypocrites? Pourquoi? Pourquoi tu dis ça? Est-ce que toi, t'es hypocrite?

♦ Non.

• Pourtant t'es française, non?

○ Anne-Sophie Cosnard est chargée de mission éducation chez SOS Racisme. Animatrice des modules pour Coexist, elle est convaincue par cette pédagogie qui repose sur la déconstruction des préjugés.

• À partir du moment où les jeunes réfléchissent, se posent des questions, et sortent un petit peu de leurs idées préconçues ou de quelque chose qu'ils affirment en rentrant dans la salle, pour nous on a gagné. L'idée, c'est pas de les inviter à penser d'une certaine manière, mais évidemment de développer l'esprit critique et de réfléchir. Quand il nous dit «ah ben tiens, pour moi, par exemple, tous les Juifs sont radins» et qu'en sortant de l'intervention, il dit «ah ben peut-être qu'en fait c'est pas la réalité», et ben là, pour nous, commence le travail de déconstruction des préjugés. Même si ça ne se fait pas sur le moment T, on sait que c'est quelque chose qui va murir, parce que à un moment donné il a remis en cause quelque chose qui, pour lui, était une certitude. Et c'est ça l'intérêt de Coexist.

○ Parfois aussi, des vocations naissent.

◊ Hier, je me serais pas dit que j'aurais comme vocation de faire médiateur... Ben là, je me le dis. Parce que ça m'a fait réfléchir à la lutte contre le racisme. Faire bouger un peu la société. Faire réfléchir un peu. Je pense que c'est important parce que ça peut blesser des gens, y en a qui en souffrent. C'est horrible.

○ À ce jour, plus de vingt mille élèves ont participé au module Coexist, un peu partout en France.

Piste 86

1. Pour lutter contre les inégalités, il faut éduquer les enfants dès le premier âge.

2. Il est important pour les femmes de lutter pour de meilleures conditions de travail.

3. Le gouvernement doit veiller au respect des droits des minorités.

4. Il faut que nous participions davantage aux luttes contre les inégalités.

5. La solidarité est une valeur que nous devrions tous respecter.

6. Ce sont parfois les familles qui encouragent le machisme de leurs fils.

7. Il est primordial que les femmes aient accès aux fonctions politiques et que les choses changent dans la société civile.

8. De nos jours, la migration des populations est un phénomène fréquent. Il est important de respecter les droits des migrants.

AUDIO DELF

Piste 87

• Salut Léanne! Alors, prête pour le concert de Jain demain soir?

○ Oh Arnaud, je suis trop dégoutée! Je viens d'apprendre que mon chef veut m'envoyer en mission pendant trois jours chez un client à Toulouse demain. Et bien sûr, je ne peux pas refuser parce que... bah, c'est un client important quoi!

• Je suis désolé pour toi, mais bon t'inquiète pas! Elle fera d'autres concerts à Bruxelles! Qu'est-ce que tu vas faire de ton billet?

○ Mon billet qu'on a acheté ensemble dès l'ouverture des ventes il y a six mois?! Bah écoute, je vais le donner à un ami ou collègue! C'est sûr, ça fera un heureux!

• Oooh, je te sens vraiment triste! Allez! C'est pas son dernier concert! T'auras d'autres occasions de la voir! (petite pause) Et, j'ai une nouvelle qui va sûrement te remonter le moral ...

○ Ah?

• Lundi prochain, un pop-up store consacré à Jain va ouvrir sur la Grand-Place...

○ Un quoi?

• Un pop-up store! C'est une boutique éphémère, elle restera ouverte pendant une semaine seulement. Apparemment, on pourra y dénicher des produits uniquement disponibles pour l'occasion! Et tu sais quoi? Jain sera présente à l'ouverture de la boutique et chantera une chanson en exclusivité!

○ C'est vrai? Mais c'est génial!

• J'étais sûr que ça te plairait!

○ Ben ouais, c'est super! Et tu crois qu'on pourra faire dédicacer nos vinyles?

• Oui! Carrément!!

○ Et danser?

• Euh ... bah, c'est pas une salle de concert, c'est une petite boutique, je suis pas sûr que...

○ C'est pas grave! C'est une excellente nouvelle quand même! Ça va mieux maintenant. Merci Arnaud!

• Bon alors, on se donne rendez-vous lundi prochain? D'ici là, et bien, bonne chance pour le boulot!

○ Oui, merci! Et amuse-toi bien au concert demain!

Piste 88

• La technologie fait peur : le piratage, les fausses nouvelles, les réseaux sociaux, l'intelligence artificielle... Autant de bouleversements qui bousculent nos sociétés, qui donnent aussi la parole à tous les citoyens. Alors, à vrai dire, le numérique est-il vraiment une menace pour la démocratie? Le système des élections repose sur un principe : celui du choix libre et éclairé du citoyen. Éclairé, cela veut dire informé le plus justement et le plus objectivement possible. En l'absence de confiance, de certitudes, de faits vérifiés et vérifiables par tous, c'est tout un pan de la démocratie qui s'évapore.

○ On a des processus démocratiques qui sont perturbés par des mensonges évidents, des manipulations, de l'agressivité ou de la violence. Même si ces mensonges, ces manipulations, cette agressivité se déroulent en ligne, ils n'en ont pas moins des conséquences très réelles sur les résultats des élections ou sur la qualité du débat public.

• L'essor des Facebook et autre Twitter a accéléré la diffusion de fausses informations. L'autre reproche qui leur est souvent fait, c'est la création d'une « bulle de filtre ». En clair, l'algorithme des réseaux sociaux empêcherait un internaute d'être confronté à des opinions contraires aux siennes, à des informations qui ne vont pas dans le sens de ses croyances ou de ses idées.

○ Le risque est de développer de fausses croyances. Il est de développer une espèce d'illettrisme numérique qui consiste à croire de plus en plus à des choses qui n'ont aucun fondement scientifique, économique ou même sociologique et à accepter de réduire le rôle de la démocratie.

• Cette bulle de filtre peut – en outre – être alimentée par des organisations ou des États qui cherchent à manipuler l'opinion. Sauf que les réseaux sociaux ont aussi permis à des mouvements démocratiques de s'exprimer. On le voit en ce moment en France avec les manifestations des Gilets jaunes. On l'a surtout vu spectaculairement en 2011 avec les Printemps Arabes. Des révolutions douces ou violentes en Tunisie, en Egypte ou en Libye. Des mouvements amplifiés par des appels sur Facebook. La technologie peut donc parfois se mettre au service de la démocratie. N'importe quel citoyen désormais peut faire entendre sa voix sur Twitter mais aussi avec des pétitions en ligne. Celle sur le climat en France a reçu plus de deux millions de signatures, par exemple ; un chiffre inédit. Nombre d'autres pétitions plus modestes ont eu des conséquences concrètes : des décisions politiques ont été prises. Les gouvernants ont également compris l'intérêt d'utiliser le numérique. Le grand débat national en France passe en partie par internet. Au Canada, Justin Trudeau avait lancé de vastes consultations citoyennes également. Des villes comme Paris, Reykjavík ou Madrid consultent désormais leurs habitants sur le web pour une partie de leur budget ou pour améliorer le fonctionnement des services municipaux.

• Quand les gouvernants n'ont pas peur d'entendre leurs concitoyens, la technologie se révèle un atout.

Piste 89

• *Ça fait débat*, avec vous, Mathieu Rouault, on en parle du bio : est-ce que vous faites confiance au label bio ? On connaît tous ce label. Le label AB, c'est les deux lettres auxquelles on s'est habitués, de couleur verte et qui a été créé en 1985 pour distinguer les produits issus de l'agriculture biologique garantis sans pesticide.

○ En plus du label AB, il existe, vous le constatez tous les jours dans les supermarchés, une trentaine d'autres labels. Ils se sont multipliés depuis les années 80 à mesure que la consommation du bio progressait en France. Aujourd'hui, sept français sur dix consomment au moins un produit bio par mois. François fait le maximum pour concocter de bons petits menus bio à ses enfants.

▪ Un peu pour du lait, pour quelques produits laitiers, pour les produits pour les enfants, les bébés surtout. On veut pas les empoisonner, ce sera meilleur pour eux, moins

de carences en vitamines ou autre et moins de pesticides et toutes ces choses-là. Normalement, j'aurai un produit qui sera fait de façon un peu plus artisanale, peut-être un peu sans produits ajoutés, sans rajouts de choses qui peuvent être toxiques ou qui peuvent être embêtantes pour l'organisme.

○ Huit milliards d'euros : c'est le montant du chiffre d'affaires de la filière bio l'an dernier, en augmentation de 12 % sur un an. La France est le troisième marché mondial du bio derrière les États-Unis et l'Allemagne. Un marché presque auto-suffisant puisque 71 % des produits bio proviennent de France : les oeufs, les produits laitiers, le vin notamment, mais donc 29 % des produits bio viennent d'ailleurs, de l'étranger, parce que la production française ne suffit pas dans certains domaines. Par exemple, la banane. Les productions sont ravagées aux Antilles et on importe des bananes dites bio de République Dominicaine, ou encore des tomates dites bio du Maroc. Mais le problème, c'est qu'elles sont certifiées bio mais avec le label de leur pays, et les critères n'ont rien à voir avec notre label AB français ! L'utilisation de pesticides est, par exemple, autorisée en République Dominicaine pour traiter les bananiers. Résultats : on n'y comprend plus rien. Anthony ne sait plus comment s'y retrouver et il a carrément décidé d'arrêter d'acheter bio.

◆ Pourquoi j'achète pas bio pour la maison ? C'est parce que les produits, on sait pas exactement d'où ça vient. On arrive à un point où on sait plus ce qu'on achète, on connaît plus les produits, on arrive sur des produits bio et on sait pas forcément si c'est français, si c'est étranger ou même de l'Union européenne. C'est pas réglo si je puis dire.